Eduard Schubert, Karl Sudhoff

Paracelsus Forschungen

Eduard Schubert, Karl Sudhoff

Paracelsus Forschungen

ISBN/EAN: 9783743607774

Hergestellt in Europa, USA, Kanada, Australien, Japan

Cover: Foto ©Andreas Hilbeck / pixelio.de

Weitere Bücher finden Sie auf **www.hansebooks.com**

Paracelsus-Forschungen

von

Eduard Schubert und Karl Sudhoff
Dr. Dr. Med.

Erstes Heft.

Inwiefern ist unser Wissen über Theophrastus von Hohenheim durch Friedrich Mook und seinen Kritiker Heinrich Rohlfs gefördert worden?

Eine historisch-kritische Untersuchung.

Frankfurt a. M.
Verlag von Reitz & Koehler.
1887.

3te

Vorwort.

Wer sich wie wir mit dem Studium der Geschichte der Medicin im sechszehnten Jahrhundert eingehend beschäftigt, den führen die Wege der Forschung von allen Seiten immer und immer wieder zu **einer** Persönlichkeit hin, zu dem Reformator der mittelalterlichen Medicin, **Theophrastus von Hohenheim.**

Nur wer sich mit ihm und seinen Lehren vertraut gemacht hat, der kann den Geisterkampf verstehen, welcher unsere Wissenschaft durchtobte vom ersten Viertel des 16. bis zur Mitte des 17. Jahrhunderts. Um diese Zeit erlosch dann langsam die Hitze des Streites, dessen Erregungen aber in leisen Schwingungen noch bis in unsere Tage nachzittern.

Eine **unparteiische** Geschichte dieser grössten Kampfesperiode der Medicin, wie sie namentlich in Deutschland, aber auch in dem übrigen Europa, besonders in Frankreich, sich darstellte, steht noch aus. Sicher würde sie ein auch für die Kulturhistorie werthvolles Unternehmen sein.

Doch ist leider nicht einmal das Material zu einer solchen Arbeit vorhanden, denn alle Darstellungen sind hier entweder voller Lücken oder voller Parteilichkeit.

Vielleicht gelingt es uns, im Laufe der Jahre in diesen der nüchternen Forschung gewidmeten Heften manches brauchbare

Material für künftige Historiker auf diesem Gebiete zusammenzutragen. Das wäre dann auch wohl nicht ohne Verdienst.

Unsere Studien erstreckten sich (nun schon seit manchem Jahre) zunächst auf **Theophrastus von Hohenheim** selbst. Die Litteratur über ihn ist im Laufe der Jahrhunderte zu einer beträchtlichen Grösse angewachsen, allein mit der Kenntnissnahme von diesen theils in den Werken über Geschichte der Philosophie, Medicin, Chemie u. s. w. eingeflochtenen, theils monographischen Arbeiten war unserem Streben nach wirklicher historischer Kenntniss nur wenig gedient.

Wir mussten zu den Quellen zurückgehen!

Zunächst zum Studium der unter **Hohenheims** Namen erschienenen Schriften. Den **Huser'**schen u. s. w. Sammelausgaben von vornherein volles Vertrauen zu schenken, wäre nach der bekannten Lage der Dinge bezüglich dieser „Opera omnia" ein principieller Fehler in der historischen Forschung gewesen. Somit ergab sich die Nothwendigkeit der Durcharbeitung der ganzen **Hohenheim'**schen Bibliographie, welche sich nur durch freundliches Entgegenkommen der Bibliotheksverwaltungen in Deutschland, Oesterreich-Ungarn, den Niederlanden und der Schweiz mit der Vollständigkeit, welche wir erreicht haben, erledigen liess.

Aber die Druckwerke allein genügten nicht, auch das handschriftlich noch vorhandene musste aufgesucht werden, und hier floss das Material reicher, als wir es von vornherein erwarten konnten.

Das führte uns zu Nachforschungen über Dokumente und andere Reliquien an den zahlreichen Orten Paracelsischen Wirkens, welche zwar viele Enttäuschungen brachten, aber auch ungeahnte Aufschlüsse.

Ferner waren **Hohenheims** Schüler und die Anhänger seiner Lehren in das Bereich der Studien zu ziehen. Aber wir durften uns nicht mit den paar bekannten Namen begnügen. Auch den verschollenen und vergessenen musste nachgespürt und bei manchen die Frage aufgeworfen werden, ob ihre Einreihung unter die Paracelsisten nicht mit Unrecht erfolgt sei.

Von nicht geringerem, ja vielfach höherem Werthe wurden sodann die **Gegner Hohenheims** und seiner Schüler durch ihre Hinweisungen und Anspielungen verschiedenster Art.

Aber auch rückwärts in die Jahrhunderte führten uns die Studien zu den Quellen der Hohenheim'schen Lehren, namentlich zu seinen Vorgängern auf dem Gebiete der chemischen Naturforschung, zu den Arzneien bereitenden „Alchemisten". Es galt die Kenntniss der Entwickelung der Alchemie als pharmaceutischer Chemie vor und direct nach **Hohenheim**, der Jatrochemie, der Chemiatrie, ihrer Anhänger und Bekämpfer.

Doch die pharmaceutische Seite der Alchemie war nicht die einzige! Die Alchemie in ihrer spekulativen, philosophischen Seite als chemische Naturphilosophie, als chemische Physiologie und Pathologie war zu berücksichtigen, wie sie zum grössten Theile durch **Paracelsus** angeregt und geschaffen wurde. Die Alchemia transmutatoria, die Goldmacherkunst, lag, weil von **Hohenheim** selbst verworfen, abseits von unserem Wege, oder wurde doch nur berücksichtigt, soweit sie mit den anderen Zweigen der Chemie in denselben Werken und von den gleichen Autoren abgehandelt wurde.

Selbst theologische und philosophische Gebiete mussten gestreift werden — auch abgesehen von der allgemeinen kulturhistorischen Würdigung derselben in der genannten Epoche — weil Paracelsische und Pseudoparacelsische Werke dorthin zum Theil ihre Wirkungen geübt haben.

So führten uns unsere Paracelsus-Forschungen auf die verschiedensten Gebiete historischen Wissens: allenthalben aber ist es unser unausgesetztes Bestreben gewesen, **nur an den directen Quellen uns unsere Belehrungen zu holen**.

Wenn wir nun daran gehen, einige Ergebnisse unserer historischen Untersuchungen einem weiteren Kreise von Geschichtsforschern vorzulegen, so ergibt sich für uns zunächst die Nothwendigkeit, ein für allemal mit zwei Erscheinungen der neuesten Zeit auf dem Gebiete der Paracelsus-Litteratur uns abzufinden, weil wir sonst immer und immer wieder gezwungen wären, auf dieselben zurückzukommen. Es sind dies die Mook'sche Paracelsus-Bibliographie und deren kritische Verarbeitung durch den Geschichtschreiber der „deutschen Medicin" **Heinrich Rohlfs.**

Die kritische Untersuchung dieser beiden letzterschienenen Schriften über **Hohenheim** und seine Werke bildet den Inhalt des vorliegenden Heftes, das somit einen vorwiegend polemischen Charakter hat. Doch enthält diese Schrift mehr als blosse Polemik, nämlich eine nicht geringe Menge historischen und bibliographischen Materials über **Hohenheim**, dessen vorläufige Festlegung uns neben der kritischen Untersuchung nothwendig erschien.

Zugleich dient so unsere erste Abhandlung dazu, uns mit dem Leser über die Grundsätze zu verständigen, welche wir unseren historischen Untersuchungen zu Grunde legen.

Die Verfasser.

Inwiefern ist unser Wissen

über

Theophrastus von Hohenheim

durch

Friedrich Mook und seinen Kritiker Heinrich Rohlfs

gefördert worden?

―――――

Eine historisch-kritische Untersuchung.

„Loben ist schwerer als Tadeln. Wenn
doch alle Kritiker ihren Ehrgeiz darein setzten,
sich im Schwereren auszuzeichnen! Es wäre ein
Segen für unsere Kunst."
W. Scherer.
(Deutsche Dichter und Denker der Gegenwart.
Berlin 1884. 8. 135.)

Es sind jetzt drei Jahre her, dass Heinrich Rohlfs in seinem „Deutschen Archiv für Geschichte der Medicin und Medicinischen Geographie". 5. Jahrgang. Leipzig 1882. 8°. S. 213 ff., eine bogenlange Kritik erscheinen liess über Friedrich Mooks „Theophrastus Paracelsus. Eine kritische Studie. Würzburg. 1876." 4°.

Mancher Leser mag sich damals gewundert haben, dass so spät noch eine Kritik über ein sechs Jahre vorher erschienenes Werk geschrieben wurde. Warum diese späte kritische Vernichtung? Mag sein, dass das von ihm benutzte und vorgebrachte Material Rohlfs so spät erst zu Handen kam. Aber das hätte sich auch in anderer Form an den Mann bringen lassen, als in einer moralischen Abschlachtung des schon gestorbenen Mook. Allerdings wusste Rohlfs sonderbarerweise nicht, dass Mook schon 1880 gestorben war. Wollte er vielleicht durch seine Kritik die von Mook versprochene Biographie Hohenheims im Voraus vernichten? Betrachtet er die Geschichte der deutschen Medicin überhaupt als seine Domäne? Ist etwa ihm, als dem Schüler und Erben des verehrten und in der That ehrenwerthen J. F. H. Marx, der grosse Arzt von Einsiedeln, für seine Lebzeiten verschrieben und verbrieft? — —

Wir wissen es nicht, wünschen es auch nicht zu wissen. Aber das wissen wir, dass Rohlfs die erste einigermaassen brauchbare Bibliographie der Werke Hohenheims und ihren Verfasser in einer Weise überkritisirt hat, die alle Grenzen übersteigt, welche die wahrheitsliebende Wissenschaft sich gesetzt hat. Diese ganze Art und Weise der Rohlfs'schen Kritik deutet an, welch' autokratische Blasen

im Kopfe des schlagfertigen Mannes aufsteigen, der sich mit Vorliebe „*Berufshistoriker*" nennt; sie ist geradezu pathognomonisch! — —
Die Persönlichkeit Mooks ist von Rohlfs in ein dermaassen falsches Licht gebracht, dass im Dienste der geschichtlichen Wahrheit diese grundfalsche Darstellung richtig gestellt werden muss. Auch das schwergeschmähte Werk Mooks, die Paracelsus-Bibliographie, ist durch diese Hyperkritik theilweise in falsche Beleuchtung gekommen. Nicht nur die Unrichtigkeiten und dem Kenner leicht sichtbaren Mängel Mooks sind getadelt; nein, auch werthvolle Resultate der Mook'schen Funde sind durch Rohlfs in Gefahr gebracht und so viel neue Unrichtigkeiten überdies in verschiedene Paracelsus-Fragen durch Rohlfs hineingebracht, dass im Interesse der Kenntniss Hohenheims und seiner Litteratur eine tüchtige Summe von Berichtigungen und Zurückweisungen mit energischer Nothwendigkeit Platz greifen muss, zumal nicht alle Tage über Theophrastus von Hohenheim verhandelt werden kann.

Man wird sehen, dass wer so im Glashaus sitzt, wie Heinrich Rohlfs mit seiner Paracelsus-Kenntniss, nicht nach Mook mit Steinen werfen sollte!

Unsere Antikritik kommt nun freilich auch wieder etwas spät; aber da wir niemals Friedrich Mook persönlich kannten, waren uns die Daten über sein Leben zur Widerlegung der Irrthümer von Rohlfs nicht eher erreichbar. Das thatsächliche bibliographische Material über Hohenheim dagegen stand uns auch vor drei Jahren schon in annähernd gleicher Vollständigkeit zu Gebote wie heute.

Eine Apologie Mooks werden wir nicht schreiben; denn die Fehler des Mook'schen Buches liegen uns (und zwar schon seit dem Erscheinen desselben) klar vor Augen. Mit unparteiischem Urtheil werden wir hervorheben, was wir an dem Tadel, den Rohlfs ausspricht, berechtigt gefunden haben; allein wir werden an Mook auch das Verdienst betonen, das ihm gebührt trotz Rohlfs'scher Missachtung.

Durch Rohlfs' Angriff gegen die angebliche confessionelle Stellung Mooks sehen wir uns zu dem in der Wissenschaft ganz unerhörten Verfahren veranlasst, von vornherein zu erklären, dass wir beide der **katholischen Confession nicht angehören**.

1. Mook und Rohlfs.

I.

Wenden wir uns zunächst zu der Persönlichkeit Mooks und stellen wir an die Spitze eine Blumenlese der Aeusserungen, welche Rohlfs über dieselbe gethan hat. Er sagt:

S. 214. *„Aus dem Titel der Schrift erfährt man zunächst, dass Mook praktischer Arzt, aber kein Doctor der Medicin, dagegen Doctor der Philosophie, Licentiat der Theologie (sicherlich der katholischen, weil er die protestantischen Theologen wegen ihrer Parteinahme für Theophrastus angriff)* . . .

Ob er zugleich der Gesellschaft Jesu angehöre, erfahren wir nicht."

S. 215. . . . *„so wird man von vornherein von einem Manne, der zugleich katholischer Priester und Arzt ist, nicht erwarten, dass er etwas leisten könne, das man als wissenschaftlich bezeichnen dürfte."* (Glauben und Wissen seien zu heterogen.)

S. 225. *„Dieser Versuch trug ihm . . . ein so gewaltiges Fiasko ein, dass er sein Leben daran zu tragen haben wird."*

S. 226. *„Was Mook verdient, daran scheint er in narzissenartiger und priesterlicher Selbstüberschätzung nicht zu denken."*

S. 228. *„Mook macht es sich weit leichter; seine Mittel erlauben ihm dies, er ist ja nicht ein gewöhnlicher Arzt, sondern zugleich katholischer Priester."*

S. 237. . . . *„zu einem kritischen Kopfe erster Grösse, als welchen er in theologischer Bescheidenheit sich selbst aufgebauscht hat . . ."*

S. 239. Mook soll gedacht haben: *„Theophrastus ist und darf kein medicinischer Reformator sein, da er ja gegen den Papst kämpfte."*

ibid. *„denn trotz zwölfjähriger Studien — rechnete er hierdurch etwa den Beifall der sich dumm arbeitenden Handwerksgelehrten zu erlangen? — hat er, wie ich nachgewiesen, leeres Stroh gedroschen . . ."*

S. 241. *„Was Mook als katholischer Priester an den Manen des Theophrastus gesündigt, das hat ein Landsmann von ihm* *und zwar ein Obermedicinalrath*) an demselben wieder gut gemacht."*

Wir wollen nicht untersuchen, ob solche persönlich gehässigen Ausfälle überhaupt einer anständigen Kritik geziemen**). Aber was soll man dazu sagen, wenn solche bissigen Bemerkungen **einfach aus der Luft gegriffen und absolut unwahr** sind!! Kann man da nicht mit mehr Recht von einem „*Thersites redivivus*" sprechen, als Rohlfs Seite 225, wo er diesen Ehrentitel Mook zuertheilen will!

Aehnliche Artigkeiten hat Mook schon bei seinen Lebzeiten zu hören bekommen und **selbst widerlegt** in einer kleinen Broschüre, welche im Jahr 1880 zu Lohr a. M. gedruckt wurde. Der Titel lautet: „Wie Herr Geheimerath Dr. Virchow wissenschaftliche Polemik „treibt. Von Dr. Friedrich Mook" [12 SS. 8°]. Darin heisst es S. 6: „**Ich war nie «katholischer Theologe», auch nie altkatholischer Priester, ich war überhaupt nie katholisch.**"

Nachdem Mook selbst solchen Ausstreuungen in kategorischer Weise entgegengetreten war, hätte ein „*Fachhistoriker*" wie Rohlfs sie nicht wieder vorbringen sollen. Aber dieser Zeitwächter von Beruf wusste von dieser Streitschrift nichts, wusste überhaupt gar nichts von Mook als die Titel-Notiz auf der Paracelsus-Bibliographie desselben; er entblödet sich aber trotzdem nicht, auf eine ganz vage, anticonfessionelle Vermuthung hin, schlimme Verdächtigungen auf einen in dieser Beziehung ganz unantastbaren vermeintlichen Gegner zu häufen. So gross war seine Wuth gegen Mook, dass er blindlings den Manen seines angebeteten Lehrers Marx und (wie er komischerweise meinte)

---

*) Kerschensteiner in seiner Salzburger Rede auf Hohenheim.

) Rohlfs' eigene derbe Gedanken über solche Ausfälle kann man in seiner Antikritik gegen Proksch (Seite 474 desselben Archivbandes) nachlesen, wo er „persönliche Invectiven" „unter Gebildeten nicht üblich" nennt und fortfährt: „*Selbstredend halte ich es unter meiner Würde, die persönlichen Invectiven zu beantworten und ihnen etwas anderes als Stillschweigen und Verachtung entgegen zu setzen*". Und die „*persönlichen Invectiven*", welche Proksch gegen Rohlfs vorbringt, sind (abgesehen von ihrer Wahrheit) zahm und milde, verglichen mit denjenigen, welche Rohlfs gegen Mook schleudert, von denen wir oben keineswegs die stärksten ausgesucht haben, sondern nur diejenigen, welche **personale Unrichtigkeiten in sich bergen. Aber — — si duo faciunt idem, non est idem. Proksch ist nur „*ein junger Specialist*" und Rohlfs „*ein competenter Berufshistoriker*"!

auch Hohenheims, diesen strebsamen Geschichtsforscher mit blutiger Hand opferte und das „Calumniare audacter" in grausigster Weise an ihm ausübte. Das hätte Marx niemals gethan und an seinen Schülern am allerwenigsten gebilligt! Integer vitae scelerisque purus ....!

Um die absolute Grundlosigkeit dieser persönlichen Rohlfs'schen Anzapfungen darzuthun und zugleich zu zeigen, in welcher Weise Mook an die Studien über Hohenheim kam und wie er sie betrieb, geben wir eine kurze Lebensskizze, die wir aus den verlässlichsten Quellen — zum grossen Theile von Friedrich Mooks eigenem Bruder Dr. med. Kurt Mook uns zur Verfügung gestellt — geschöpft haben.

Friedrich Mook wurde 1844 von evangelischen Eltern in Bergzabern (Rheinpfalz) geboren, besuchte die dortige Lateinschule, später das Gymnasium in Speyer. Ging dann als stud. theol. et philos. nach Tübingen (Corpsstudent), wo er sich namentlich mit dem Studium des Theophrast von Hohenheim beschäftigte. Als Frucht dieser Studien reichte er in seinem 4. Semester 1865 eine Dissertation bei der Tübinger philos. Facultät ein: „Historisch-kritische Untersuchung über Theophrastus von Hohenheim." (Es ist dies ein ziemlich umfangreiches Werk, auf welches wir weiter unten noch eingehender kommen müssen.)

Trotz eines sehr bewegten Lebens hat Mook in den folgenden 11 Jahren den Paracelsus nie ganz aus den Augen verloren, sondern sobald sich ihm Gelegenheit bot, seine bibliographische Kenntniss vervollständigt.

Mit dem bekannten Pfälzer Stipendium studierte er 5 Semester in Utrecht, wo er sich den „Licentiat der Theologie" erwarb. Von dort besuchte er auch die andern niederländischen, sowie die Pariser und Londoner Bibliotheken, im Interesse der Paracelsus-Bibliographie. Ein Semester brachte er dann noch in Berlin zu und bestand das theologische Examen in Speyer. Zum Pfarrverweser in Bergzabern ernannt, erregte er Anstoss durch allzu freisinnige Predigten und wurde am 3. November 1869 suspendirt. Darauf legte er sein Amt nieder, und erliess eine Erklärung in der Presse, worin er beispielsweise sagte: „Es hat mehr Sinn, wenn man das 1 × 1 betet, als das sogenannte apostolische Glaubensbekenntniss" und „Es wird nirgends mehr gelogen, als auf der Kanzel".

Zwei Monate war er dann Redacteur an dem liberalen „Zweibrücker Wochenblatt". Ging dann nach München, um die dortigen Bibliotheken für seine Paracelsus-Forschung zu benutzen. Machte den Krieg 1870/71 als Krankenpfleger mit und wurde mit dem eisernen Kreuze decorirt. Nach dem Kriege studierte er Medicin in Heidelberg. Von Juli 1872 bis März 1873 war er in Nürnberg. Er war als „Sprecher" der freireligiösen Gemeinde dorthin berufen worden. Durch rücksichtsloses Darlegen seiner Ansichten über Nürnberger Localzustände zog er sich dort viele Feinde zu, und wurde ihm am 16. October 1872 der Contract mit der Gemeinde gekündigt. Er verkehrte dann meist mit Socialdemokraten und trat am 15. Dezember in diese Partei ein. Aber auch hier verwickelte er sich bald in Streitigkeiten, weil er die Niedrigkeiten der dortigen Parteiführer aufzudecken suchte.

„Müde von all' der Gemeinheit" kehrte er im März 1873 nach Heidelberg zurück; „gleich einem hässlichen Traumbilde" erschien ihm der ³/₄ jährige Nürnberger Aufenthalt*). Aber trotz all' den aufregenden Erlebnissen hat er auch in Nürnberg des Paracelsus nicht ganz vergessen.

Seine medicinischen Studien absolvirte er in Würzburg, musste sie aber zweimal unterbrechen, um sich die nöthigen Geldmittel zum weiteren Studium zu verschaffen. Im Winter 1873/74 ging er als Reisebegleiter nach der Schweiz und Italien; bei dieser Gelegenheit besuchte er einige Schweizer Bibliotheken im Interesse der Bibliographie Hohenheims. Winter 1874.75 war er als Reisebegleiter mit Baron von Ropp in Aegypten. 1876 bestand er das medicinische Staatsexamen in Würzburg und schloss seine Paracelsus-Bibliographie ab.

Im Sommer 1876 wurde Mook Badearzt in Sodenthal und ging im Winter wiederum nach Aegypten. Vom 14. März bis 16. Dezember 1877 war er Badearzt in Heluan bei Kairo und brachte auch die folgenden drei Winter in Aegypten, dem Sudan etc. zu und

---

*) Eine reiche Zahl von Broschüren Mooks hat dieser Nürnberger Aufenthalt gebracht, deren Titel wir hier kurz nennen: „Obdachlos!" (3 Auflagen); „Obdachlos! im Harnisch" (3 Auflagen); „Norika Nr. 3 von Nürnberg nach Fürth" (2 Auflagen); „55 gegen 72"; „Hinrichtung des „Stadtesels" von Nürnberg" (3 Auflagen); „Anton Memminger, Redacteur des „Fürther demokratischen Wochenblattes". „Eine social-demokratische Charakter-Studie."

beschäftigte sich besonders mit anthropologischen und prähistorischen Untersuchungen; den Sommer über war er in Deutschland und besuchte die Anthropologischen Congresse in Kiel, in Strassburg und in Berlin (wo sein Rencontre mit Prof. Virchow stattfand). Im Sommer 1880 trat er mit der Riebeck'schen Expedition eine Reise um die Welt an und ertrank am 13. Dezember 1880 beim Uebersetzen über den Jordan.

Mook war Freimaurer und gelegentlicher Mitarbeiter der in Gotha erscheinenden Zeitschrift „Menschenthum." *)

Diese kleine Lebensschilderung lehrt uns zunächst, dass Rohlfs die Person Mooks auf halt- und grundlose Vermuthungen hin in schnödester Weise verunglimpft hat. Ist denn der *„Berufshistoriker"* in seinem unverstandenen Conservativismus und Anticonfessionalismus seiner eigenen Zeit gegenüber den Verpflichtungen der Wahrheits-Erforschung entbunden? Darf er solche Verläumdungen in seinem der Geschichte der Medicin gewidmeten „Archiv" als Aktenstücke der Nachwelt unbeanstandet überliefern?? — — Ist unsere Zeit wirklich so unkritisch, wie Rohlfs dies ihr in's Gesicht sagt, so ist er selber, wie wir noch öfter zeigen werden, ein echtes Kind derselben. —

Aber noch ein zweites zeigt uns dieses Lebensbild. Wir erkennen daraus, dass für eine gleichmässige, gesammelte Erforschung, für das ruhige Ausreifen eines weitschichtigen historischen Vorwurfes in einem so bewegten, in den schroffsten Gegensätzen und friedelosen Parteileidenschaften unserer Zeit hin und herwogenden Leben, wie das Friedrich Mooks war, kein Platz vorhanden sein konnte!

---

*) Von Mooks Schriften führen wir an ausser der Paracelsus-Bibliographie:
„die Religion von Prof. C. W. Opzoomer. Aus dem Holländischen übersetzt". Elberfeld. Verl. v. R. L. Friedrichs. 1868. 8⁰.
„die incriminirten Predigten". Neustadt a. d. Haardt. 1870. 8⁰.
„das Leben Jesu". II Theile. Verl. von Schabelitz in Zürich. 1872 und 1873. 8⁰.
„Minnelieder" von Kurt und Friedr. Mook. Nürnberg. 1873. 8⁰.
„Lieder aus der Fremde". Würzburg. 8⁰.
„Aus Aegyptens vormetallischer Zeit". Würzburg. 1880. 4⁰. Mit Tafeln.
Nekrologe Mooks finden sich in: „Bollettino della Società geografica." Serie II. Vol. VI. Febbraio 1881. Roma. — „Deutsche Rundschau für Geographie und Statistik". Wien, Hartleben. 7. Heft. April 1881. — „Neue illustrirte Zeitung." 20. Februar 1881. Wien. —

II.

Wir kommen zur Genese und Würdigung des Mook'schen Werkes, der Paracelsus-Bibliographie.

In seiner philosophischen Doctordissertation, welche wir erst kürzlich im Originalmanuscript einsehen konnten, gibt Mook nach einer umfangreichen einleitenden Schilderung der allgemeinen politischen, kirchen- und kulturgeschichtlichen Verhältnisse des Paracelsischen Zeitalters zunächst eine mühsame und eingehende Bearbeitung der für ihn auffindbaren Bibliographie der Werke Hohenheims; daran schliesst sich eine Untersuchung der Namen, Abstammung, Geburt und Lebensschicksale des Reformators von Einsiedeln, wie sie an minutiöser Gründlichkeit vielleicht nur von Stephan (im Neuen Archiv für Geschichte, Staatskunde, Literatur und Kunst. II. Jahrgang, (XXI. als Forts.) 1830. Wien. 4°. „Bemerkungen über erhebliche Irrungen in Betreff einiger Lebensumstände etc. des dort ... gen. Paracelsus ...") für die Salzburger Zeit übertroffen wird. Um die Schrift nicht zu gross werden zu lassen, schliesst Mook mit dem Jahre 1527, mit dem Antritt der Baseler Professur ab; er gibt dann noch eine Schilderung des philosophischen etc. Systems Hohenheims und einige kleine Excurse über Bilder, Münzen u. s. w. und beschliesst die Abhandlung mit einer reichhaltigen Litteratur-Angabe. — Ein recht fleissiges Werk diese erste historische Jugend-Arbeit!

Bei Zusammenstellung der in dieser Abhandlung enthaltenen Bibliographie, angefertigt mit den Mitteln, die ihm als Student in Tübingen, Ulm und Stuttgart zu Gebote standen, unter eingehender Würdigung des in den verschiedenen Repertorien und Monographien gegebenen Materials, erkannte Mook, dass nur dadurch die heillos verworrene Bibliographie Bombasts von Hohenheim in's Klare kommen könne, dass das auf den verschiedenen Bibliotheken zerstreute Material seiner Schriften gesammelt und in Bezug auf Titel, Datirung, Inhalt u. s. w. richtig gestellt werde.

„Meine Lebensschicksale ermöglichten, dass ich im Laufe von 12 Jahren die meisten Bibliotheken Europas nach Werken des Paracelsus durchstöberte", so schreibt Mook („Theophrastus Paracelsus" S. 21). Wenn es auch eine Uebertreibung ist, dass Mook „die meisten

Bibliotheken Europas" besucht zu haben angibt, so sind es doch recht viele grössere Bibliotheken, welche Mook besuchte. Und nur aus diesem durch eigene Anschauung festgestellten Material hat Mook seine spätere Paracelsus-Bibliographie zusammengefügt. Was er nicht selbst gesehen, das stellte er einstweilen in Zweifel.

Wenn man weiss, wie vor ihm die Dinge mit Hohenheims Bibliographie lagen, so muss man anerkennen, dass dies ein völlig richtiger und aussichtsvoller Grundsatz war. Mit der consequenten Befolgung dieses Grundsatzes hat, trotz in die Augen springender grosser Mangelhaftigkeiten seines Buches, Friedrich Mook mehr geleistet, als alle seine zünftigen und nicht zünftigen historischen Vorgänger! Er als der erste hat eine Grundlage geschaffen, auf der weiter gearbeitet werden kann. Sein Princip war ein gutes, das einzige, was helfen konnte! Mook hat sich trotz grosser Mängel durch diese Initiative ein bleibendes Verdienst erworben um die fast unheilbar kranke Paracelsus-Bibliographie und somit um die Geschichte des Reformators überhaupt.

Mit einer weisen Benutzung des durch eine gründliche Bearbeitung geprüften bibliographischen Materials lässt sich der erste Schritt thun zu der Entscheidung der Frage nach der Echtheit der Paracelsischen Schriften. Freilich dazu reicht Mooks Bearbeitung lange nicht aus. Dem ganzen Werke fehlt allenthalben die Ruhe und Gleichmässigkeit in Beobachtungen und Schlüssen, das erste Erforderniss zur Erlangung von dauernden Resultaten auf historischem Gebiete, namentlich auf dem Gebiete der Bibliographie und Textkritik im weiteren Sinne, wie sie bei Paracelsus so hochnöthig ist, wenn die Fachgeschichte eines endgültigen Urtheils über diese gewaltige Erscheinung auf ihrem Boden endlich Herr werden will.

Mook nennt nun sein Werk:

„Theophrastus Paracelsus. Eine kritische Studie."

Dieser Titel ist ein offenbarer Missgriff! Er verspricht viel mehr als das Buch hält und — als es nach des Verfassers Absicht enthalten sollte! Mook wollte in dem Werke eigentlich nur eine kritisch gesichtete **Paracelsus-Bibliographie** bieten.

Und in der That, eine gute, genaue, vollständige, absolut zuverlässige, überhaupt allen mit Recht hierfür zu stellenden Anforderungen genügende Bibliographie der Werke Hohenheims wäre ein verdienstvolles Unternehmen. Sie wäre die erste „kritische Studie", welche für die richtige Würdigung Theophrasts von Hohenheim noth thut. Ohne diese Arbeit können wir in der Kenntniss des Reformators auf keinen gedeihlichen Fortschritt hoffen.

Hat dies aber Mook in seinem Buche geleistet? Wir müssen leider sagen, **Nein!**

Während für jeden, der Mooks obiges Buch eingehender betrachtet, sofort in die Augen springen muss, dass er nichts weiter liefern will, als eine kritisch gesichtete Paracelsus-Bibliographie und nur kurz die aus diesem Material für die Frage der Echtheit der Hohenheim'schen Schriften sich ergebenden Folgerungen ziehen will, während jeder damit auch sofort erkennt, dass Mook sich im Titel vergriffen hat, bringt es Rohlfs nach Jahren nicht über sich, diese Sachlage seinen Lesern klar werden zu lassen. Er verschweigt seinen Archivlesern einfach, dass Mook gleich auf der ersten Seite der Einleitung erklärt, dass er „später eine Biographie des Paracelsus zu veröffentlichen gedenke" und somit für diesmal alles Biographische etc. bei Seite lassen wolle.

Nur indem Rohlfs dies verschweigt, kann er folgenden Vorwurf mit scheinbarem Rechte erheben: (S. 217) „*Der Cardinalfehler, dessen Mook sich bei Abfassung obiger Monographie schuldig gemacht hat, besteht darin, dass er seinem Gegenstande hauptsächlich nur vom bibliographischen Standpunkte näher getreten ist und auf diesen hin untersucht hat.*"

Nur indem Rohlfs dies verschweigt, gewinnt er seinem Leser gegenüber das Recht, Mook eine Lection darüber zu ertheilen, welches die nothwendigen Postulate einer historischen Abhandlung seien. Mook hat dies schon als Student gewusst, wie die oben gegebene kurze Inhaltsangabe seiner Tübinger Dissertation beweist. Er wollte diesmal nur die bibliographische Seite seines Themas erledigen, die Biographie, für welche er keineswegs unbedeutende Vorstudien schon gemacht hatte, sollte nachfolgen. Aber — Mook hat den schlimmen Fehler begangen, diese seine Absicht auf dem Titel für solche Recensenten und deren Leser nicht klar auszusprechen!

Die Anerkennung aber, dass eine gute Paracelsus-Bibliographie etwas für die Paracelsus-Kunde Verdienstliches weil Förderndes wäre, wird man bei Rohlfs vergeblich suchen; auf diesen echt historischen Standpunkt vermag sich Rohlfs, der Historiker par excellence, seinem Gegner gegenüber nicht zu stellen!

Doch nun zur Mook'schen Arbeit selbst!

Rohlfs schreibt S. 217: *„Ueberall stösst man auf Oberflächlichkeit und Ungenauigkeit, so dass der nicht ungegründete Verdacht vorliegt, der Verfasser habe nicht selbst die betreffenden Bücher in seinen Händen gehabt und untersucht, sondern sich mit den so oft irrigen Angaben der Bibliothekskataloge begnügt."*

Der erste Theil dieses Satzes ist wohl richtig, der zweite Theil aber ist falsch. Nein, das Verdienst, alle Bücher, welche er aufführt, wenigstens in einem Exemplare, wirklich selbst gesehen zu haben, kann man Mook nicht im Geringsten abstreiten. Diesen Punkt konnten wir mit absolutester Sicherheit feststellen. Denn wir haben beide bis auf **17** einstweilen uns noch unerreichbare Bücher des Verzeichnisses, **alle übrigen 231** von Mook aufgeführten Ausgaben selbst in Händen gehabt, von den meisten mehrere Exemplare sogar vergleichen können (über die Hälfte derselben besitzen wir in unseren eigenen Bibliotheken). Alle 231 haben wir eingehend, nicht nur bibliographisch wie Mook, bearbeitet; aber bei keiner einzigen Nummer konnten wir Rohlfs Behauptung berechtigt finden, Mook habe dies Buch nicht selbst in der Hand gehabt. Ja es lässt sich mit Recht unseren Erfahrungen nach behaupten, dass Mook auf mehreren Bibliotheken, die er besuchte, viele von ihm nicht gesehene und daher bestrittene Ausgaben wirklich aufgefunden haben würde, wenn er die Catalogo daselbst eingesehen hätte. Auf diese Art hätte er z. B. in Paris die so heftig verläugnete Pariser Ausgabe des „Compendium" von Leo Suavius gefunden u. s. w. Mook hat die Catalogo eben nicht eingesehen und daher ist Rohlfs Imputation eine windige, vielleicht absichtlich calumniöse, während er selber, wie wir später sehen werden, auf diesem faulen Pferde sich betreffen lässt.

Die Bearbeitung der Einzelausgaben des Paracelsus, besonders der vor 1589 erschienenen, hat einen recht bedeutenden Werth für die Geschichte Hohenheims und seiner Lehre, wenn sie gründlich gemacht wird. Namentlich die Vorreden der Herausgeber enthalten eine Masse biographischen und andern Materials über Hohenheim, welches sich kaum irgendwoher sonst noch beschaffen lässt; natürlich muss es mit dem bekannten Körnchen attischen Salzes deductiv und inductiv verwendet werden. Dies war, neben der Textkritik, die Veranlassung, welche uns diese mühsame Arbeit vornehmen liess. Die Corrigirung und Completirung der Mook'schen Schrift ergab sich dabei als abfallende Spähne, welche wir damals nicht zu einem Autodafé einmal verwenden zu müssen glaubten.

Da Mook nur als Zufallshistoriker die Bibliographie Hohenheims bearbeitete und z. B. bei seinem $^{3}/_{4}$jährigen Aufenthalt in Nürnberg zwar die dortigen Paracelsus-Schätze hob, aber niemals auf den Gedanken kam, in dem per Bahn in 20 Minuten erreichbaren Erlangen die Trew'sche Bibliothek aufzusuchen und dort eine Fülle des Seltensten zu finden, so ist es auch erklärlich, dass er bei vielen Büchern einfach den Titel, Datum und Format (wie es für die engere Bibliographie ja auch genügt) notirte und damit seine Untersuchung abschloss, dagegen nur in seltenen Fällen die Vorreden las und in den aller seltensten Vergleiche über die Emendation des Textes anstellte. Sein Verzeichniss der Druckwerke hat dadurch nur den Werth, festgestellt zu haben, dass die von ihm angeführten Ausgaben wirklich existiren. Es ist dies aber doch kein ganz geringes Verdienst, gegenüber der compilirenden Manier des einfachen Abschreibens anderswo gefundener Titel, deren sich Mooks Vorgänger (ausser v. Murrs Verzeichniss, welcher nur seine eigene Paracelsus-Bibliothek aufzählt) bedienten; sie sind alle unzuverlässig, auch Haller, Gmelin und Grässe. Darin zum ersten Male Wandel geschafft zu haben, ist das unauslöschliche Verdienst Mooks, wir betonen es nochmals, indem wir zur Schilderung der Fehler und Mängel Mooks übergehen.

Welch' ungeheuere Menge von Flüchtigkeiten Mooks bei unserer Untersuchung des bibliographischen Materials Hohenheims zu Tage kamen, liesse sich auf vielen Bogen nicht erschöpfend sagen.

Dass Mook nicht alle Ausgaben gefunden hat, welche existiren, daraus wollen wir ihm noch den geringsten Vorwurf machen, obgleich es doch einigermaassen stark ist, dass uns bis heute **hundertundachtzehn** Ausgaben durch eigenen Augenschein bekannt sind, welche Mook nicht aufführt, darunter auch viele, deren Existenz-Möglichkeit Mook mit süffisanten Redensarten verneint. Wir kennen heute durch eigene Bearbeitung 349 Ausgaben Hohenheims*) und unsere noch nicht ausgeschöpften Quellen lassen uns als die wirklich vollständige Zahl derselben gegen 450 vermuthen! Also nahezu das Doppelte von Mooks Verzeichniss.

Ein viel schlimmerer Vorwurf ist es schon, dass Mook aus purer Flüchtigkeit (wenn nicht andere Gründe vielleicht vorlagen) vielfach auf Bibliotheken, wo er wirklich gewesen, Ausgaben, die er noch gar nicht notirt hatte, völlig übersah, wie wir das oben schon hervorgehoben.

Mook hat einmal eine Jahrzahl falsch gelesen (Nr. 110). Er hat aus einer Ausgabe zwei gemacht (Nr. 129 u. 130), weil in dem einen Exemplar (dem Stuttgarter) der Titel fehlt.

Er hat zwei Werke aufgenommen, welche von Theophrast von Eresus sind und nicht von Theophrast von Hohenheim (Nr. 217 u. 218); dies ist ein Punkt, worin Mook allerdings viele Vorgänger hat, aber — auch Nachfolger!! (S. unten.)

Die Flüchtigkeiten im Einzelnen sind so zahlreich, dass fast keine Nummer ohne kleine und grössere Correcturen gelassen werden konnte.

Nicht genug tadeln lässt sich der höhnische, zuweilen sogar malitiöse Ton, in welchem Mook seine Vorgänger abkanzelt und herunterzieht, die feuilletonistische Manier, welcher er sich bedient, wenn er auch oft in der Sache selbst Recht hat. Erklärlich wird dies vielleicht einigermaassen durch seine frühere publicistische Thätigkeit, obgleich es dadurch in einem der strengen Wissenschaft gewidmeten Werke keineswegs an Widerlichkeit verliert, selbst wenn man dem Verfasser zugesteht, dass sein Stil stellenweise witzig und glücklich pointirt ist.

Erwähnen wollen wir, dass sich Mook S. 54 Anm. a, wo er seiner malitiösen Laune mit am schärfsten die Zügel schiessen lässt, eigentlich an die Adresse Adelungs wenden musste. Denn wenn Marx sagt: „Der erste, welcher einige Schriften zusammen herausgab (1568—73), war Gerhard Dorn. Er übersetzte sie auch in das

---

*) Wir selbst besitzen 201 Ausgaben, und viele in mehreren Exemplaren.

Lateinische. Ich besitze diese seltene Ausgabe selbst; sie ist ohne Jahrszahl", so ist das (horribile scriptu!) aus Adelung eigentlich abgeschrieben „Geschichte der menschlichen Narrheit",... Siebenter Theil. 1789. 8⁰. S. 339: „Der erste, welcher einige Schriften Paracelsi zusammen herausgab, war Gerhard Dorn, ein bekannter Goldkoch, der sie zugleich in das Lateinische übersetzte und sie in zwey Bänden in 8⁰ an das Licht stellete. Das Jahr der Ausgabe dieser Sammlung wird verschieden angegeben, welches vielleicht daher rühret, weil er die sämmtlichen darin befindlichen Schriften von 1568 bis 1573 einzeln herausgab und sie hernach erst mit einem gemeinschaftlichen Haupttitel versahe. Nach Hallern hat er sie zwey Mahl 1573 und 1575 herausgegeben." Diese angeblich Dorn'sche „Gesammt-Ausgabe" existirt nicht; Mook hat in der Sache vollkommen Recht. Dass er bei Haeser ebenfalls im Rechte war, hat Rohlfs schon selber, ganz wie Mook, dem damals noch „*lebenden Collegen*" (S. 240), der ihn zum „*competenten Historiker*" schlug (S. 225) unverfroren ins Antlitz geschleudert (S. 225). Nur der „*historische ABC-Schütze*" Mook (S. 225) bekommt für solches Unterfangen eins auf die Finger. Non omnia possumus omnes!! (cfr. auch Romeo Seligmanns Behandlung (S. 222).

Doch die gröberen Fehler, welche Mook gelegentlich leistet, gehen über das Schlimmste seiner Vorgänger oft noch glänzend hinaus und hätten zur pikantesten Illustrirung der Rohlfs'schen Kritik dienen können, wenn sie nur von dem gestrengen Herrn Verfasser aufgespürt wären. Ein Kenner konnte z. B. auf Seite 28 den feistesten Bock auffinden, bei dem sich eine Gelehrtennatur hätte aufbäumen und in die Brust werfen können. Schade!

Wegen der zu erdrückenden Masse derselben müssen wir uns hier versagen, die Fehler im Einzelnen vorzuführen. Ebenso können wir unmöglich die 118 neuen Nummern aufzählen, die wir über die von Mook gefundene Zahl hinaus gesehen haben. Zur Besprechung einer Anzahl derselben bietet sich so wie so im Laufe dieser Abhandlung noch öfters Gelegenheit.

Von der Aufführung von Flüchtigkeitsfehlern können wir um so mehr absehen, als Prof. John Ferguson in Glasgow in seiner kleinen, uns gütigst verehrten Schrift: „Bibliographia Paracelsica. An Examination of Dr. Friedrich Mook's ‚Theophrastus Paracelsus. Eine kritische Studie'. Privately printed. Glasgow . . . 1877." 8°. (40 Seiten) schon eine grössere Zahl solcher Fehler richtig angemerkt hat und eine noch erheblich vermehrte Anzahl in dem uns eben während des Abschlusses unserer Arbeit zukommenden II. Theile dieser Schrift*). Das Meiste, was Ferguson an Mook tadelt, können wir unterschreiben: „The Title is a misnomer", „It is incomplete in numbers", „incomplete in description", „it contains many typographical errors" etc. etc. Nur hat Ferguson dem „Trésor" Graesse's zu viel Vertrauen geschenkt, was dieser meist nicht verdient.

Was wir mithin als unser zusammenfassendes Schlussurtheil über Mooks Verzeichniss der Drucke Hohenheims sagen müssen, wäre die Anerkennung, dass er mit Zugrundlegung eines guten Princips eine Masse brauchbaren Materials zusammengetragen hat, dasselbe aber nach keiner Richtung hin vollkommen durchgearbeitet darbietet. Sein Verzeichniss ist weder vollständig, noch in dem Gegebenen fehlerfrei; und wenn sein Verzeichniss auch werthvoller ist als die aller seiner Vorgänger, so ist es doch weit davon entfernt, eine nur annähernd vollkommene und zuverlässige Bibliographie der Druckwerke zu geben. Er hat einen guten Anlauf genommen, dies engbegrenzte Thema zu lösen, ist aber mitten in der Ausführung stecken geblieben und hat dann so ziemlich Hals über Kopf die Sache abgeschlossen und schnell mit einer wenig mustergültigen, oder besser gesagt, aus seinen früheren Funden eilig zusammengestoppelten, Einleitung versehen, invita Minerva in die Welt geschickt.

Was sein Verzeichniss der Paracelsus-Handschriften betrifft, so ist dasselbe in jeder Beziehung noch unendlich viel mangelhafter, als das der Drucke. Auch nicht eine der 28 Nummern ist nur einigermaassen genügend bearbeitet. Auch die Zahl der Hand-

---

*) „Bibliographia Paracelsica. An Examination of Dr. Friedrich Mook's . . . Part II. Privately Printed. Glasgow . . . 1885." 8°. 54 SS. Ferguson hat die Verlässlichkeit Mooks in diesem zweiten Theile an der Hand der Schätze des britischen Museums in London von Neuem mit grosser Gründlichkeit nachgeprüft und seine früheren Aussprüche bestätigt gefunden. Wir können auch diesem II. Theil unsere volle Zustimmung nicht versagen; nur in ganz wenigen Einzelheiten sind wir zu anderen Resultaten gekommen. Sein Urtheil im Allgemeinen stimmt mit dem unserm überein. Dass ihm bei seinen Nachprüfungen Mooks und dessen Urtheilen über Marx und Häser der Glaube an die vielgepriesene „deutsche Gründlichkeit" wankend geworden, können wir ihm leider auch durchaus nicht verübeln. — —·

schriften ist eine sehr unvollständige. Wir kennen ausser den von Mook angeführten (welche wir aber nur zur kleineren Hälfte bis heute selbst bearbeiten konnten) 86 **Handschriften Hohenheims**; darunter enthalten manche eine grössere Anzahl einzelner Abhandlungen, so dass man nach Mook'scher Zählart eine viel grössere Summe herausrechnen kann. Wir haben bis jetzt 57 Bände von Paracelsus-Handschriften eingehend bearbeitet und collationirt. Ja, es ist uns auch gelungen, zweifellos ächte Autogramme (lateinische und deutsche) von **Paracelsus Hand** zu finden; freilich einstweilen nur kleinere Schriftstücke. Weiter darauf einzugehen ist hier nicht der Ort. Sicher schlummert noch vieles bis heute unbekannte in Archiven und Bibliotheken.

Allerseits ist also unser Urtheil über Mooks „Theophrastus Paracelsus" kein durchweg günstiges, aber zu der Schärfe der Verdammung, wie sie Rohlfs, noch dazu mit ätzendster Lauge, über Mook ausschüttet, vermögen wir uns nicht aufzuschwingen, weil Mooks Fehler nicht so horrend sind, dass seine Verdienste dadurch vollkommen in den Schatten gestellt würden. Da uns fast das vollständige Actenmaterial vorliegt zur Beurtheilung der Paracelsus-Bibliographie, hätten wir wohl eher das Recht, recht scharf und von oben herab über ihn zu urtheilen, als Rohlfs, der es sich leicht gemacht hat mit seiner Verurtheilung, die ihm mit seiner oberflächlichen Paracelsus-Kenntniss absolut nicht zustand*).

Rohlfs hat mit seinen einzelnen Monirungen diese seine dürftige und lückenhafte Kenntniss in eklatanter Weise selber dargethan und zu den althergebrachten Fehlern so viele neue hinzugefügt, dass uns das Interesse an der Richtigkeit der Bibliographie und Biographie Hohenheims zwingt, darauf einzugehen, um nicht eines neuen „*Paracelsusritters*" (S. 237) neue Unrichtigkeiten aufkommen zu lassen.

Wir hätten auch hier wohl eher das Recht, den Rohlfs'schen Spiess gegen Mook nun gegen Rohlfs selbst umzudrehen, wenn uns diese Manier gefiele! — — Der Leser verzeihe uns nur die Kleinlichkeit im Folgenden; aber einem so kleinlichen Mäkler, wie Rohlfs, muss man im Kleinlichen nachgehen und — seine Böcke vorreiten.

---

*) Allerdings ein ächtes Zeichen der von Rohlfs selbst, und nun auch an Rohlfs selbst, verspürten „*Ebbe des XIX. Jahrhunderts*" („Archiv" Jahrgang 8. S. 267.), aus welcher Rohlfs in seiner Phantasie wohl als einsamer Hochfels emporragt.

III.

Nach Rohlfs (S. 218) sollen bei Mook im Verzeichniss der unter Hohenheims Namen erschienenen Drucke 3 Bücher fehlen. Da wir bei Mook schon heute 118 fehlend wissen, so will das nicht eben viel sagen. Aber was sind denn das für 3 Bücher, deren Nichtaufnahme der alleswissende „*Berufshistoriker*" dem nichtswissenden Zufallshistoriker so dick ankreidet?

1) „*Paracelsus, Verantwortung über etzlich verunglim-*„*pfung seiner missgönner, von dem Irrgang und Labyrinthe der* „*Arzten; von dem ursprung und Herkommen der Tartarischen* „*Krankheiten, dabei ein kurzer Auszug der Kärntischen Chronik.* 4. *Cöln.* 1564."
Dies altbekannte Buch sollte Mook übersehen haben? I bewahre! Das Buch findet sich bei Mook unter Nr. 40 richtig aufgeführt und sogar eingehender von ihm besprochen. Rohlfs kennt aber allem Anschein nach (aus irgend einem Buche über Paracelsus) nicht einmal den vollen Titel (da sieht man klar den Nutzen der wahren Bibliographie!) und konnte darum das Buch bei Mook nicht finden.

„Drey Bücher, | Durch den Hochgeler | ten Herrn Theophrastum von Hohenheim, Pa- | racelsum genant, beider Ertzney Doctorn, den | .... vom Adel, vnd | Landtschafft des Ertzbertzog« | thumbs Kärnten ic. zu | ehren geschriben. | Das erst Bůch, die verantwortung vber etzlich verun« | glimpfung seiner mißgünner. | Das ander, von dem Irrgang .... Darbey ist vorm ersten Bůch ein warhaffter kurtzer | außzug der Kärntischer Chronik. | Gedruckt zu Cöln. | Durch die Erben Arnoldi Byrckmanni. | ANNO 1564. | Mit Keis. Maiest. Gnad vnd Freyheit." (4°). Das ist gekürzt der Titel des hochwichtigen Buches, das jeder, der über Paracelsus historisch richtig schreiben will, völlig gelesen haben muss. Mook hat zwar auch bei diesem Titel viele kleine Ungenauigkeiten und zwei Auslassungen sich zu Schulden kommen lassen, aber in Händen hat er das Buch wirklich gehabt und nicht den Titel blos irgendwo abgeschrieben more majorum.

2) „*Paracelsus, Aureol., Theophrast, Bombast von Hohenheim grosse Wundarznei, das, Buch Paramirum, sechs Tractate, von der Pestilenz und ihren Zufällen in I. Band mit Holzschnitten. Frankfurt a. M.* 1565. *fol. Perg.*"

Eine so schlotterige Titelangabe, dass sie nur aus einem Antiquariatscataloge stammen kann, wofür ausser den Worten *„in I. Band mit Holzschnitten"* auch die Angabe des Einbandes *„Perg."*, einen für jeden Bibliographen wirklich rührenden Beweis bringt. Wir wollen wenigstens vorerst zur Ehre Rohlfs' annehmen, dass er Bücher, die er selbst gesehen hat, sich einigermaassen besser zu notiren weiss. — Eine nette Illustration übrigens zu der oben erwähnten Imputation, als habe Mook aus den *„so oft irrigen Angaben der Bibliothekskataloge"* seine Büchertitel abgebohrt! Hier sind's die für Rohlfs wohl höher stehenden Antiquariatscataloge!! Der *„unkritische Geist unserer Zeit"* verirrt sich oft recht wunderlich von den Bibliothekaren zu den Antiquaren und *„Berufshistorikern"*!

Uebrigens fehlt dies Werk wirklich bei Mook, obgleich es sich (ausser andern Bibliotheken) in München, Darmstadt, Stuttgart und Nürnberg befindet, also in Bibliotheken, wo Mook selbst nach Paracelsus-Ausgaben sich umgesehen hat, worauf wir hier als Beweislegung unserer Klagen über Mooks Flüchtigkeit noch besonders aufmerksam machen.

Es ist folgendes der etwas abgekürzte Titel dieses Werkes: „OPVS CHYRVRGICVM. Des Weitberumbten Hochgelehrten vnd Erfarnen Aureoli Theophrasti Paracelsi Medici, ꝛc. Wund vnd Artzney Buch. Darinnen begriffen . . . . Sampt vier Büchern wolermeldts Theophrasti Paracelsi, so jetzt erst hinzů kommen. Alles mit sonderlichem fleiß durch Herrn Adam von Bodenstein, beyder Artzneyen Doctorn, zů nutzen vnd wolfart Teutscher Nation in Truck geben. Mit vielen schönen auch lustigen vnd zů diesem werck notwendigen Figuren. Getruckt zů Franckfurt am Mayn, Anno 1565." Am Ende steht: „Getruckt zů Franckfurt am Mayn, durch Martin Lechler, in verlegung Sigmund Feyrabends vnd Simon Hüters, ... 1565." Die 4 hinzugefügten Bücher haben separate Titel und sind so zum Theil von Rohlfs' Antiquar bemerkt und notirt worden. (Cfr. unten S. 85 Anm.)

3) (last, not least!) *„De sudoribus libellus unus, de vertigine liber alter. Paris 1576."*

Ganz richtig, das Buch fehlt bei Mook, aber er verdient dafür ein ganz besonderes Lob, dass er dies Buch **nicht aufgenommen**, worüber der *„Berufshistoriker"* Rohlfs so jämmerlich gestolpert ist! Das Buch ist nämlich nicht von Theophrast von Hohenheim, sondern von Theophrast von Eresus, dem alten Aristoletiker!!! (cfr. z. B. Linden. renov. p. 1002.)

Also das gleiche Malheur ist Rohlfs passirt, wie dem „*historischen ABC-Schützen*" Mook mit Nr. 218 u. 219 des Verzeichnisses. Solamen miseris, socios habuisse malorum! Aber es fragt sich doch, ob dies ein grosser Trost ist für den allein unfehlbaren Herrn „*Berufshistoriker*"!

Dies wären also die 3 Werke, welche Rohlfs als ausgelassen bei Mook tadelt. Wir dürfen wohl mit Rohlfs (S. 240) sprechen:

„*Wer sich aber nicht blos lächerlich, sondern weinerlich gemacht hat, erräth Jeder.*"

Nun zu den bibliographischen Correcturen, welche Rohlfs bei einzelnen Nummern des Mook'schen Vorzeichnisses anbringen will! (S. 218—219.)

1) „*S. 38 sagt Mook von der Ausgabe der ‚grossen Wundartznei' von 1562: «Ob wirklich die Compagnie Hahn & Rabe ein geschriebenes Exemplar des P. oder nur die gedruckten Originalausgaben als solches benutzten, wage ich nicht zu entscheiden». Wenn Verfasser dagegen Husers Versicherungen ohne Unterschied auf Treu und Glauben hinnimmt, so liegt kein Grund vor, die Worte des Titels: «auss seinem selbstgeschriebenen Exemplar wieder aufs neue in Truck verfertigt» in Zweifel zu ziehen. Sehr muss man aber bezweifeln, dass Mook diese so enorm seltene Ausgabe, die, nach seiner eigenen Angabe, nur in Stuttgart und München anzutreffen ist, in meinem Besitze sich aber ausserdem schon seit 30 Jahren befindet und einem fliegenden Buchhändler in Paris abgekauft wurde, in den Händen gehabt habe. Denn die Firma schreibt sich ganz anders als er angiebt. Auf der letzten Seite des Buches steht wörtlich: „Gedruckt zu Frankfurt am Mayn, bei Weigand Han vnd Georg Raben. 1562."*"

Mit diesen vielen Worten streut Rohlfs seinem Archivleser, der den Mook nicht bei der Hand hat, einfach Sand in die Augen. Denn Mook schreibt ganz richtig S. 37 Zeile 5 v. u.: „Am Schlusse steht: «Gedruckt zu Frankfurt am Mayn bey Weygand Han, vnd Georg Raben» und zwar dem Original noch genauer in der Orthographie conform als Rohlfs. Wenn er dann bei der Besprechung des Werkes S. 38 von der „Compagnie Hahn & Rabe" spricht, so ist das eine nicht so rigorös zu tadelnde scherzhafte moderne Wendung, bei der auch die moderne Wortschreibung Hahn nicht gerade unangebracht erscheint. Ausserdem gehört diese Nr. 27 Mooks gerade zu denen, bei welchen Mook einmal etwas eingehendere Mittheilungen giebt und jeder Leser sieht, dass Mook dies nicht nur in der Hand gehabt, sondern auch durchgeblättert und unter Vergleich mit Husers Folio-Ausgabe sich Notizen gemacht hat. Also das Lügenstrafen war hier von Rohlfs sehr wenig am Platze! Ausserdem ist das Buch nicht so selten, wie Rohlfs meint; nach unsern Notizen findet es sich auch in Wien, Hofbibliothek; Berlin, kgl. B.; Wolfenbüttel; Utrecht; Strassburg, Univ.; Breslau, Univ.; Salzburg, Museum; Frankfurt a. M. (v. Bethmann). Ausser dieser Ausgabe existiren noch 2 andere Drucke desselben Werkes mit den gleichen schönen 3 Titelholzschnitten, beide s. a. 4^0.

Der eine ohne jede Druckernotiz (wahrscheinlich der erste von den dreien) hat im dritten Theil von Bogen „B" ab die Druckbogen der Nr. 19 Mooks verwendet, was sich daraus erklärt, dass die Druckerei von Hermann Gülfferich, aus welcher diese Nr. 19 hervorging, von der Firma „Han vnd Rabe" übernommen worden war. (4 Exemplare gefunden.)

Der andere Neudruck s. a. hat auf den letzten Blättern des 2. und 3. Theiles den Druckervermerk „Getruckt zu Frankfurt am Main, durch Georg Raben, vnnd Weygand Hanen Erben". (circa 1564; von uns in 3 Exemplaren gefunden.) Das „*enorm*" vor „seltene" bei Rohlfs ist also zu streichen, wie so manche Uebertreibungen und Superlative, die Rohlfs zu lieben scheint.

2) „*Das von Mook unter Nr. 85 citirte Werk ist nicht in klein Fol., sondern in Quart erschienen, nach ihm soll es nur in München vorhanden sein. Die Richtigkeit meiner Behauptung kann ich aber durch das sich in meiner Bibliothek befindende Exemplar beweisen.*"

Hier hat Rohlfs vollkommen Recht, das Buch ist ebenso gut 4^0 wie Nr. 82 Mooks; Nr. 85 ist nämlich nicht viel mehr als eine neue Titel-Ausgabe von Nr. 82; die alten Druckbogen sind mit Ausnahme des 1. und 3. Bogens verwendet. Auch ist dieser zweite Druck der

Münchener Archidoxen-Ausgabe des Wimpinaeus nicht gerade selten. Wir besitzen zwei Exemplare und fanden das Buch in Graz, Erlangen, Hamburg, Frankfurt a. M. (Senkenberg), Berlin, St. Florian, Utrecht, Breslau (Stadtbibl.), Rostock. Warmbrunn und öfter in Antiquariats-Catalogen.

3) „*Auf S. 123 sagt Verf. in dem Capitel: „die Schriften des Paracelsus, welche ohne Angabe des Druckjahres erschienen sind", es sind noch eine Reihe von Werken s. l. et. a. erschienen, allein da die Titelangabe eine zu ungenaue und die Autoren zu unverlässlich sind, so erwähne ich nur folgende: — — — „Klage über seine eignen Discipel und leichtfertige Aerzte ohne Jahr und Ort, in 4." Auch diese sehr seltene Schrift kann Verf. nicht selbst geprüft haben.*"

Hier hat Rohlfs entweder strafbar oberflächlich gelesen, oder er begeht eine bewusste Fälschung; denn Mook sagt, nachdem er das Verzeichniss von ihm gesehener Schriften ohne Druckjahr im Grossdruck bis zu Ende gegeben hat, im Kleindruck (welcher für die von ihm selbst nicht aufgefundenen, von andern angeführten, also zweifelhaften Schriften bestimmt ist): „Bemerkung. Es wird noch eine Reihe von Werken als s. l. et. a. **erschienen angeführt** [!!!], allein, da die Titelangabe eine zu ungenaue und die Autoren zu unverlässlich sind, so erwähne ich nur folgende". „Unter a. und b. nennt er dann zwei von Haller, Adelung u. den Athenae Rauricae erwähnte Schriften und fügt noch hinzu: „c. Klage über seine eigenen Discipel und leichtfertigen Aerzte. Ohne Jahr und Ort in 4º." (Adelung VII. p. 363 Nr. 96)". Mook behauptet also gar nicht, das Buch „*selbst geprüft zu haben*", wie Rohlfs ihm unterschiebt. Nein, er hat es als ungesehen gar nicht in sein eigentliches Verzeichniss aufgenommen, welches mit Nr. 248 vorher schliesst, sondern nur im Kleindruck, als von Adelung citirt, erwähnt. Wenn mithin Rohlfs ihm aufmutzt, Mook könne dies Buch nicht selbst gesehen haben, so ist das eine böswillige Unterstellung, die wieder an das ‚Caluminare audacter, semper aliquid haeret' erinnert. Da Rohlfs vom Tode Mooks nichts wusste, so ist eine solche Keckheit einem lebenden Schriftsteller gegenüber kaum zu begreifen, wenn man nicht blindmachende Wuth annimmt oder — — — —

„*Sie gelangte*" (fährt Rohlfs fort) „*in meinen Besitz, als die Erlanger Bibliothek ihre Doubletten verkaufte, und muss früher in der berühmten Trew'schen Bibliothek in Altorf gewesen sein. Ihr Titel ist aber so lang und vollständig, dass ich Bedenken trage, ihn hier abdrucken zu lassen, weil er eine ganze Seite füllen würde, auch enthält sie den Ort und das Jahr ihres Erscheinens: Basel 1590.*"

Ist das nicht spasshaft von Einem, der aus der Geschichtsschreibung sich seinen Beruf gemacht hat?! Das Buch **trägt Ort und Jahrzahl** und soll doch die **gleiche Ausgabe** sein, wie die Adelungs **ohne Ort und Jahr**!! Doch damit nicht genug, wir müssen weiter ausholen.

Von dem Schriftchen: „Klage Theophrasti Paracelsi, vber seine eigene Discipel, vnnd leichtfertige Ertzte" existiren, wie wir gefunden, zwei Ausgaben, beide in 4⁰.

Die eine von Mook schon gesehene (Nr. 166) ist 20 Blätter stark und trägt auf dem Titel: „Getruckt im Jar Christi M.D.XCIIII." (von Mook, wie gewöhnlich, weggelassen). Wir fanden sie ausser den von Mook genannten Bibliotheken in Erlangen und Stuttgart.

Eine **zweite vermehrte** Ausgabe, 28 Blätter füllend, ist diejenige, welche Rohlfs vorliegt; sie findet sich in Erlangen, Hamburg, Wien (Hofbibl.) und in unserem Besitze. Rohlfs erwarb sie aus E. Besolds Antiquar-Catalog Nr. 66. Erlangen 1882 Nr. 2023 unter den Erlanger Doubletten „ — Klage vber seine eigene Discipel vnnd leichtfertige Ertzte. O. O. 1594. 4. Pp.", wie Besold schreibt. Da wir diese Ausgabe selber besitzen und ausserdem das zweite Erlanger Exemplar („X. 329") genau kennen, können wir behaupten, dass Rohlfs sein Exemplar zwar in der Hand gehabt, aber sehr ungenügend angesehen hat. Er sagt, es „enthält den Ort und das Jahr ihres Erscheinens: Basel 1590." Ei ei! da sollte man ja fast mit Lessing im Vademecum für Pastor Lange rufen: „die Ruthe her, die Ruthe her!!" Denn der Titel-Druck lautet (etwas gekürzt): „Klage Theophrasti Paracelsi, vber seine eigene Discipel, vnnd leichtfertige Ertzte. Darbeneben auch vnterricht, wie er wil, dass ein rechter Artzt soll geschickt seyn . . . . . . Auß seinen Büchern auff das kürtzste zusammengezogen. Wider die Thumkünen . . . . die sich Paracelsisten nennen." (und nun folgen gleichsam als Motto der Schrift folgende zwei Stellen aus der Huser'schen Sammelausgabe:) „Theophrastus Paracelsus im ersten Theil seiner Bücher, in quarto **zu Basel Anno 1590.** getruckt, in quarto lib. Paramidi (sic! statt Paramiri) de origine morborum matricis Fol. 236. Dass Gott den verderbten Schulmeister ... vnd dergleichen zu einem Artzt beschaffen habe, das ist nichts, etc. Item, Im andern Theil, im dritten Tractat paragrani Fol. 80. Ihr sollet euch nicht lassen verführen die gemeinen Ertzte ... Jedermenniglich zur Warnung, jetzo zum ersten also zusammen bracht, vnd in Truck geben." Am Schlusse des Büchleins S. G₄ʳ: „Gedruckt im Jar Christi, M.D.XCIIII."

Also aus dem Motto auf dem Titelblatt macht Rohlfs dem Buche eine Datirung „*Basel 1590*"*!!* O Apollo und alle neun Musen!! Mook könnte auf einen solchen Gallimatthias stolz sein!! Und Rohlfs?! Er kann sein Jahrhundert sammt den „*sich dumm arbeitenden Handwerksgelehrten*" damit in die Schranken rufen!

4) „*S. 46 ist der Titel des sehr seltenen Buches Nr. 50, das ebenfalls von Erlangen aus in meinen Besitz gelangte, ungenau angegeben; es fehlen die Worte „cum Gratia & Privilegio Imperiali", es heisst nicht „Byrkmanns" sondern „Byrkmans" Erben*".

Erstere Correctur von Rohlfs ist richtig; Mook lässt die Notiz „cum Gratia & Privilegio Imperiali" fast regelmässig aus und das ist ein bibliographischer Fehler! Es heisst aber nicht „*Byrkmans*", sondern „Byrckmans"; Rohlfs verfällt also in einen ähnlichen Fehler, wie er ihn bei Mook eben ganz löblich gerügt hat. Auch hier ist das „*Sehr selten*" zu streichen. Wir fanden das Buch häufig in Antiquar-Catalogen; Mook nennt 5 Bibliotheken, wir können hinzufügen Prag, Univ. (2mal); Berlin, kgl.; Frankfurt (v. Bethmann u. Senkenberg); Augsburg; Wolfenbüttel; Nürnberg, Stadt; Erlangen; Düsseldorf; Wien, Hofbibl.; Halle; Breslau, Univ. u. Stadt; Salzburg, St. Peter; wir besitzen 3 Exemplare. Also wieder eine dilettantenmässige Behauptung ins Blaue hinein, wo Rohlfs von gar nichts wusste! Es wird uns immer bedenklicher um die Meinung, welche Rohlfs von den Lesern seines Archives hat!

5) (Von demselben Werke sagt Rohlfs dann weiter:) „*Ebenso unwahr ist die Behauptung des Verfassers, dass das Buch auf der einen Seite den Holzschnitt des Theophrastus, auf der nächsten Seite das Epitaph enthalte, darunter das Wappen mit*

der Unterschrift „pax vivis — requies — aeterna sepultis" und bestätigt abermals, wie wenig man sich auf die bibliographischen Angaben Mook's verlassen kann.

Der Sachverhalt ist folgender:
Das Bild des Theophrastus und das Epitaph befinden sich nicht getrennt auf zwei Blättern, sondern auf einem Blatte, er selbst im Vordergrunde, letzteres im Hintergrunde. Oben befindet sich der Spruch *Alterius non sit qui suus esse potest*, links an der Seite *Laus Deo, Pax Vivis, Requies Aeterna Sepultis*, rechts an der Seite *Omne Donum Perfectum A Deo, Imperfectum A Diabolo*, ganz unten *Aureolus Philippus Theophrastus.*"

Wir müssen dieser Ausführung Rohlfs auf's allerentschiedenste widersprechen. Alle Exemplare, welche wir gesehen haben bis heute — und wir haben uns nachträglich nochmals in sieben Exemplaren überzeugt — geben Mook Recht. Seine Angaben stimmen ganz genau.

In den aus der Byrckman'schen Officin hervorgegangenen Ausgaben Hohenheim'scher Werke finden sich 2 verschiedene Holzschnittporträts, beide Brustbilder.

a. Ein Profilbild von der linken Seite gesehen (Typus wie bei Rixner und Siber und später Lessing). Ueber dem Kopfe: „ALTERIUS NON SIT, QVI SVVS ESSE POTEST."; unter dem Brustbilde auf verziertem Querschild: „AVREOLI THEOPHRASTI AB HOHENHAIM. EFFIGIES SVÆ ÆTATIS 45. 15 Æ 38." Dies Monogramm ÆI soll Augustin Hirschvogel bedeuten, den Nürnberger Maler und Töpfer.

b. Ein Brustbild en face, die Hände am Schwertknauf (mit der Aufschrift AZOTH); über der linken Schulter das Wappen der Bombaste von Hohenheim; in der oberen Ecke links eine kleine Nachbildung der Figur XVI aus der „Prognostication auf XXIIII Jahr zukünfftig" (Huser 4°. Bd. X. Appendix S. 208): in der oberen Ecke rechts eine Nachbildung der Figur XXV am gleichen Orte (Huser ib. S. 217) der einäugige umstrickte Doctor. Die Umschrift auf dem Rahmen des Bildes in Uncialen, wie Rohlfs sie angiebt. Als Unterschrift meist: „AV. PH. TH. PARACELSI, NATI ANNO 1493. MORTVI ANNO 1541. AETATIS SVAE 47. EFFIGIES." Einmal fehlt diese Unterschrift. („De urin. ac puls." Mook Nr. 64.) Einmal Druckfehler 1451 („Astronomica & Astrologica". Mook Nr. 56). Wir kennen einen älteren, sehr feinen Holzschnitt in Quart mit genau denselben Gesichtszügen und der gleichen Unterschrift, welcher signirt ist „15 AH 40", also gleichfalls von Augustin Hirschvogel. (Codex Voss. Chym. Lugd. Batav. in Quarto Nr. 8.)

Das Bild a. hat Byrckman zuerst schneiden lassen; es findet sich zuerst 1565 in „Lib. II. De causa et orig. morborum" (Mook Nr. 44) und ebenso in der 2. Ausgabe desselben Werkes 1566 (Mook Nr. 54); dann im „Buch Meteororum" 1566 (Mook Nr. 50). — Das Bild b. ist später geschnitten und findet sich 1567 in „Medici Libelli" (Mook Nr. 55), in „Philosophiae Magnae Tract. aliquot" (Mook Nr. 59), in „Etliche Tractaten" (Mook Nr. 60); 1568 in „De urinar. ac. Puls. judiciis" (Mook Nr. 64) und 1570 in „Archidoxorum pars prima" (Mook Nr. 84). Beide Bilder finden sich in den „Astronomica et Astrologica" 1567 (Mook Nr. 56), eines vorn hinter der Vorrede (b.), das andere (a.) am Ende. (Mook erwähnt nur das vordere Bild.)

Also, wie schon gesagt, in **allen** Exemplaren des Buches „Meteororum", das ist *„des sehr seltenen Buches Nr. 50"*, haben **wir** das Bild a. gefunden, wie auch Mook angiebt. Wenn Rohlfs' Exemplar Bild b. hat, so ist das eine sonderbare Ausnahme, welche wohl darin ihren Grund hat, dass durch irgend einen Zufall das Bild hier eingeklebt wurde, und einem Kundigen wäre es dann leicht zu entscheiden, aus welchem andern Byrckman'schen Verlagsartikel es entnommen ist. Jedenfalls ist Mook unschuldig und nicht so von oben herab zu verdammen, da er ja richtig gesehen hat.

    6) *„Eines der seltensten . . . Bücher, welches ich auch besitze und vor vielen Jahren bei Lempertz in Bonn erstand, ist überschrieben: Zwei Bücher Theophrasti Paracelsi des erfarnesten Artztes von der Pestilentz und ihren Zufällen durch den Edlen und Hochgelehrten Adamen von Bodenstein in Druck verfertigt.* Ἀνέχου καὶ ἀπέχου. *Anno 1558. Auch dieses Buch kann Mook nicht selbst gesehen haben, obgleich er angiebt, dass es sich auf der königlichen Bibliothek in Berlin und Staatsbibliothek in München befinde. Denn es erschien nicht 1564, sondern 1558."*

Mook (Nr. 43) citirt das Buch „s. a." und reiht es nach dem Datum der Vorrede „Datum Basel den ersten tag Mertzens. Anno M. D. Lxiiij" unter 1564 ein. Ausser Berlin und München (zwei

Exemplare) fanden wir das Büchlein in Strassburg. Universität; Bamberg, Staatsbibl.; Erlangen, Univ.; Nürnberg, Stadtbibl.; Wien, Hofbibl.; Zürich, canton. Lehr-Anst.; Prag, Univers.; in allen Exemplaren, welche wir gesehen, steht auf dem Titel: „Anno M.D.Lxiiij.˝ In Willers Frankfurter Messcatalog wird es Ostermesse 1564 aufgeführt. Ausserdem kann das Buch schon deshalb unmöglich 1558 erschienen sein, weil Bodenstein 1558 überhaupt noch keine Paracelsischen Bücher edirte; denn erst 1559 „Nonis Maij" veröffentlichte Bodenstein seine „Isagoge in excellentissimi Philosophi ARNOLDI DE VILLA NOVA, Rosarium Chymicum, ..." mit der „EPISTOLA OPERI PRAEFIXA ad Amplissimos & generosos dominos, dominos Fuggeros, in qua argumenta Alchymiam infirmantia & confirmantia adducuntur, quibus & eam artem esse certissimam demonstratur, lapisque uerè inuentus ostenditur" 8° (62 S. + 1 Bl. + 71 S.) Mit dieser Schrift trat er zur „alchemistischen" Medicin über und begann 1560 die Edirungen der Einzelausgaben von Werken Hohenheims (deren uns 42 bekannt sind) mit der Schrift, welche Mook unter Nr. 22 aufführt.

Das fragliche Buch ist das 12. in der Reihe der Bodenstein'schen Paracelsus-Editionen und zweifellos 1564 erschienen, und Mook verdient nicht den Vorwurf, es aufgenommen zu haben, ohne es „*selbst gesehen zu haben*". Wie kommt aber der strenge bibliographische Kritiker Rohlfs zu der Jahrzahl 1558? Er hat wieder einmal bei seinem Exemplar nicht genau zugesehen; denn er hat einen i-Strich zu wenig gezählt und sich obendrein ein „r" für ein „u" vormachen lassen"! — Die „r" und „v" sind in den verwendeten Typen sehr ähnlich und nur durch ein Schwänzchen am r verschieden, „v" und „r"; sollte aber auch einmal das Schwänzchen im Druck undeutlich ausgefallen sein, so hiesse die Jahrzahl doch immer 1559, nicht 1558. (So sind uns denn auch schon ältere Bibliotheks-Cataloge vorgekommen, welche das Buch „1559" aufführen; aber beim Nachsehen im Original war's immer 1564.)

Den umgekehrten Lesefehler hat Mook bei Nr. 110 gemacht. Das Buch „schreiben Preparationum" ist nicht 1574 erschienen, sondern 1569 (M.D.Lxviiij). Es findet sich nicht nur in Mainz, wie Mook anführt, sondern auch in Graz; Breslau, Stadt; Nürnberg, Stadt (incomplet); Dresden; Karlsruhe; Willers Messcatalog hat es Fastenmess 1569 zugleich mit der lateinischen Ausgabe s. a. 8°, welche Mook (Nr. 67) der Vorrede nach „Anno 1568. die Othmari" unter 1568 aufführt. Beide Ausgaben haben die gleiche Vorrede. Die deutsche datirt „den sechszehenden Nouembris 1568" und das ist eben der Dies Othmari. Also wäre Mooks Nr. 67 auch 1569 erschienen. Die Datirung nach der Vorrede eines Buches ist überhaupt immer eine unsichere.

7) *„Auf dem Titel der von ihm unter Nr. 148 beschriebenen Schrift des Theophrastus fehlen die Worte: „Was nun darin tractirt wirt volgens Blat nach der Prefation anzeigen".*

Das ist richtig von Rohlfs corrigirt; nicht corrigirt ist, dass Mook ausser kleinen orthographischen Verstössen auch das Wort „geschwetz" nach „Artzten" in Zeile 7 des Titels ausgelassen und am Ende, wie gewöhnlich, Jahrzahl und Motto. Mook fand das Buch nur in Stuttgart. Wir besitzen es zweimal und fanden es in Erlangen, Breslau (Univ.), Salzburg (Museum), Zwickau (Gymnas.), Zürich und Lübeck (ärztl. Verein).

8) *„Im Titel der unter Nr. 169 angeführten Schrift muss statt „Medicinae veritas" „Medicinae vanitas" gelesen werden."*
Richtig von Rohlfs monirt.

Das Ergebniss der Nachprüfung der Correcturen Rohlfs' dient seiner Behauptung, dass Mook die betreffenden Bücher nicht selbst gesehen haben könne, keineswegs zur Bekräftigung. Nur das hat Rohlfs mit Recht bemerkt, dass Mook zahlreiche Flüchtigkeiten und Ungenauigkeiten enthält.

Wir selber haben, wie schon gesagt, Mook 231 Nummern nachgeprüft und haben ihn in allen Beziehungen stellenweise unzuverlässig gefunden, nur in der einen nicht, dass die Bücher, die er aufführt, alle wirklich existiren, dass er von allen wenigstens ein Exemplar selbst gesehen hat. Das war ja auch sein Princip, nur selbst Gesehenes als existirend anzuerkennen und aufzuzählen. Es ist Mooks unbestreitbares Verdienst, diesem Princip treu geblieben zu sein.

Rohlfs geht nun zur **Frage der Litteraturkenntniss Mooks** in Bezug auf Hohenheim über und sagt (Seite 219/20): „*Unser Endurtheil ist in dieser Beziehung noch vernichtender. Wie aus dem von ihm mitgetheilten Litteraturverzeichnisse und seiner Schrift selbst hervorgeht, hat er einmal die über Theophrastus erschienenen Schriften blos zum kleinsten Theile dem Titel nach gekannt; nur sehr wenige scheint er gelesen zu haben, mit dem Quellenstudium der Schriften des Theophrastus selbst hat er sich aber in keiner Weise befasst.*" (S. 222.) „*Kann es, fragen wir, Bezeichnenderes für die Gegenwart und insbesondere für die Geschichte der Medicin geben, als dass ein Schriftsteller zwölf Jahre Studien gebraucht, um nicht einmal die Hälfte der Litteratur seines Gegenstandes kennen zu lernen*" u. s. w.

Welch ein Haufen von grund- und bodenlosen Unwahrheiten in diesen paar Rohlfs'schen Zeilen!

Wir müssen vor allem dagegen wieder bemerken, dass Mook nirgends sagt, dass er 12 Jahre Paracelsus studirt habe, sondern dass er durch seine Lebensschicksale in der Lage gewesen sei, „im Laufe von 12 Jahren die meisten Bibliotheken Europas nach Werken des Paracelsus zu durchstöbern." Ist denn das ein und dasselbe für einen nüchternen Leser? Gewiss nicht! Seine Lebensschicksale führten Mook an viele Orte und das gab ihm Gelegenheit, sich die Werke zu notiren; darin bestand so ziemlich die ganze Arbeit Mooks an Hohenheim von 1866—1876, nachdem er seine philosophische Doctor-Dissertation abgeschlossen hatte. Zu dieser Dissertation hatte er zwei Semester Studien gemacht und diese Studien haben ihn eine Paracelsus-Litteratur kennen lernen lassen, welche die seines Kritikers um ein sehr Bedeutendes übersteigt, wie wir bald sehen werden.

Ausserdem ist selbstverständlich Mooks Kenntniss der Schriften über Paracelsus aus einem blos bibliographischen Werke gar nicht zu erkennen! Er giebt am Schlusse dieses Buches ein „Verzeichniss der dort citirten Werke" und will damit keineswegs ein Paracelsisches Litteratur-Verzeichniss zusammenstellen, wie Rohlfs es darstellen möchte; Mook nennt nur 58 Werke in diesem Verzeichniss; einige im Text genannte hat er vergessen, wie z. B. de Vigiliis von Creutzenfelds Bibliotheca chirurgica, welche Seite 34 Anm. a. und öfter citirt wird. Aber im

Ganzen hat er mehr, als dies Verzeichniss enthält, in der summarischen Einleitung und der Bibliographie zu citiren nicht für nothwendig gefunden. Vollkommen genügend für ein bibliographisches Werk über Hohenheim ist sein Verzeichniss allerdings nicht; denn Gmelins Geschichte der Chemie, Mangets Bibliotheca script. med., Graesses Trésor und manche andere bibliographische Aufzeichnungen hätte Mook erwähnen und benutzen sollen. Da es aber gar nicht sein Zweck war, möglichst vollständig das von Andern Gegebene zu sammeln, sondern aus dem Wuste unzuverlässiger Angaben die wirklich vorhandenen Drucke durch Autopsie herauszuheben, so thut das dem Werthe seiner Bibliographie Hohenheims wenig Abbruch.

Zur Completirung des mangelhaften Mook'schen *„Litteraturverzeichnisses"* führt Rohlfs seinerseits nun 77 Nummern an, die Mook entgangen sein sollen. Er irrt darin aber recht gründlich. Denn der verachtete *„historische ABC-Schütze"* (S. 225) verräth in seiner philosophischen Doctor-Dissertation keineswegs eine *„dürftige Litteraturkenntniss"* (S. 223). Mook hat dort eine Paracelsus-Litteratur zusammengestellt, welche 340 Nummern umfasst. Soviel Titel hat er nicht in „12 Jahren", sondern in 2 Semestern gesammelt; und dass er einen recht erheblichen Theil dieser Schriften auch durchgesehen hat, das beweist die uns vorliegende fleissige Studentenarbeit, die auf recht tüchtige autodidactische Bemühungen des angehenden Historikers hinweist: sie lässt auch erkennen, dass er dem *„Quellenstudium der Schriften des Theophrastus selbst"* eine eingehende Berücksichtigung angedeihen liess und nicht auf *„die grosse Wundarzneikunst"* (à la Rohlfs) sich beschränkte.

Es sind nur wenige Schriften des Rohlfs'schen Verzeichnisses, welche dem Nachschlage-Eifer des stud. phil. entgangen waren. Auch Henslers Geschichte der Lustseuche war Mook wohl bekannt, trotzdem ihm Rohlfs (S. 223) imputirt *„Als gelehrter Historiker der „modern-orthodoxen" Schule kannte selbstredend Mook den Begründer der historischen Pathologie und wissenschaftlichen Geschichtsforschung Hensler nicht einmal dem Namen nach"*!! .

Allerdings ist auch Mooks studentisches Paracelsus-Litteratur-Verzeichniss nicht entfernt vollständig, wie man das ja auch von solcher Jugendarbeit nicht verlangen kann; aber was man so an allen Landstrassen an Citaten antrifft, hat Mook gut gesammelt, besser als

Rohlfs. Die Paracelsus-Litteratur ist eben eine rudis indigestaque moles, die bis heute noch keiner ganz bewältigt hat. Auch in dieser Litteratur schleppen sich eine ganze Masse falscher Angaben von Autor zu Autor weiter, die man dann bei eigenem quellenforschenden Nacharbeiten eines schönen Tages entdeckt. Wie manchmal haben wir schon lächeln müssen, wenn wir solch einen alten Irrthum endlich an der Quelle corrigiren konnten. Leider sind manche Werke über Paracelsus fast noch schwerer zu erlangen, als seltene Ausgaben Paracelsischer Schriften, und aus allen diesen Gründen sollte man mit solchen Anfängern nicht zu scharf in's Gericht gehen! — —

Wenn es Mook darauf angekommen wäre, mit Citaten zu prunken, so wäre es ihm ein Leichtes gewesen; denn Material hatte er ohne nachzusuchen in der Studenten-Arbeit genug zur Hand. Er hat eben flüchtig, wie seine ganze bibliographische Arbeit ist, das nothwendigste zur Bequemlichkeit des Lesers am Ende zusammengestellt, was er im Buche zerstreut citirt hatte, damit er nicht im Texte selbst jedesmal die vollständigen Titel geben musste.

Mook hat dafür aber auch keine so ergötzlichen Böcke geschossen, wie sie sich bei Kerschensteiner im „Litteratur-Nachweis" finden; (Tagblatt der 54. Versammlung deutscher Naturforscher und Aerzte in Salzburg vom 18. bis 24. September 1881. Salzburg. 4⁰ S. 142 bis 144); und doch lobt Rohlfs (S. 241) dieses Verzeichniss im Gegensatz zu Mook, das Falsche „*hin und wieder*" vorkommende mit dem Mantel der christlichen Liebe zudeckend. Ein Glück, dass wir hier nicht darauf eingehen müssen; denn wir haben mit der Rohlfs'schen Paracelsus-Litteratur schon genug zu thun!

Sollte nämlich jemand denken, das von Rohlfs S. 220—222 gegebene Litteratur-Verzeichniss sei ein Muster von Gründlichkeit, so würde er in einem bedauernswerthen Irrthum sein, von Vollständigkeit ganz zu geschweigen.

Gleich das erste Citat ist falsch! „*Jahn, Paracelsus in Heckers Annalen 1823*"; es muss **1829** heissen, wie Rohlfs selbst auch da schreibt, wo er das Werk zum **zweiten** Male am Ende desselben Verzeichnisses citirt (S. 222): „*Jahn, Heckers Annalen. Bd. XIV. 1829. Mai. Juni.*" (Es steht der Artikel S. 1—31 u. 129—152.) —

S. 220, Zeile 14. „*Stoerpl, De Paracelsi vita atque doctrina. Halle 1840. 8⁰*" ist gleichfalls falsch; Rohlfs giebt auch dies

Werk dann (nach Pauly) zum zweiten Male in demselben Verzeichniss (S. 221 Zeile 17) richtig an „Stoerzel..... Halis 1840. 8⁰."—

„Borrichius, Ol., Hermetis Aegyptiorum et Chemicorum sapientia. Hafn. 1764", muss 1674 heissen, ist aber vielleicht nur Schreib- oder Druckfehler. 4⁰.

„Nouvelle Biographie générale publiée par Mrs. Firmin Didot frères. Tom. 39. Paris 1872'. Ist 1865 erschienen. „MDCCCLXV." Der Artikel über Paracelsus steht Spalte 178—182. —

S. 220 Zeile 25. „Claude François Le Joyant, précis de siècle Paracelse. Paris 1787. 8ᵘⁱ findet sich gleichfalls zum zweiten Male zum Theil richtiger citirt. S. 221 unten (nach Pauly). —

„Suavius, Leo, Theophrasti Paracelsi.... compendium. Basil. 1568. 8⁰" wird mit Unrecht als von Mook vergessen aufgeführt; denn es ist von demselben bibliographisch registrirt und besprochen S. 51 Nr. 62, wegen des darin enthaltenen Abdrucks der 4 Bücher „de vita longa" und der Scholien dazu. (Uebrigens ist dies Buch, dessen Verfasser J. Gohory ist*). wirklich zuerst in Paris erschienen, trotz Mooks Zweifeln; „Parisiis In aedibus Rovillii, via Jacobaea, Sub signo Concordiae. Cum Privilegio Regis." s. a. 8⁰. [Vorrede „Cal. Januar. Ann. M.DLXVII"]. Diese Original-Edition findet sich in Göttingen, Univ.; Dresden, Kgl.; Gotha, Herzogl.; London, Brit. Museum [gedr. Catalog]; Paris. Bibl. nation. [gedr. Catalog].

---
*) Da in der neuesten Schrift des Bonner Professors Carl Binz „Doctor Johann Weyer.....Ein Beitrag zur Kulturgeschichte des 16. Jahrhunderts". Bonn 1885. 8⁰. S. 71, Leo Suavius genannt wird, ohne dass seiner Identität mit dem berühmten Pariser Mathematiker J. Gohory Erwähnung geschieht, so gestatten wir uns für eine etwaige 2. Auflage des verdienstvollen Buches darauf hinzuweisen. Auch der daselbst kurz vorher genannte Paul Schalich ist uns in der Paracelsus-Litteratur als Princeps de la Scala begegnet. Er gab unter dem Titel: „Pavli Principis de la Scala Et Hvn... Domini Crevtzburgi Prvssiae. Primi Tomi Miscellaneorum... effigies ac exemplar, nimirum, vaticiniorum & imaginum Joachimi Abbatis..... et Anselmi Episcopi.... contra falsum... cuiusdam Pseudomagi, quae nuper nomine Theophrasti Paracelsi in lucem prodijt.... vera... explanatio. Coloniae Agrippinae, Anno M.D.LXX." 4. (6 Bl. + 152 S.) eine polemische Schrift heraus gegen die Paracelsischen Erklärungen der bekannten Nürnberger (eigentl. vom Minoriten-Abt Joachim herstammenden) Spottbilder gegen das Papstthum. (Vergl. über Schalisch: J. Wolf Lectiones memorab. I. p. 502. [1600. Fol.] und das Verzeichniss seiner Schriften in C. Gesners Bibliothek. 1583. Fol. p. 659—660.)

Ausser dem von Rohlfs und Mook citirten Baseler Nachdruck von 1568. 8° mit Dorns Nachrede, existirt auch ein Frankfurter Nachdruck: „Francofurti ad Moenum, per Petrum Fabricium. 1568." 8°, welchen Mook nicht kennt; er befindet sich in unserem Besitze; in Breslau, Univ.; Wien, Univ.; Jena, Univ.; Paris, Bibl. nat. [gedr. Catalog]; Frankfurt, v. Bethmann; Rostock, Univ.: Lille, Stadt; Nürnberg, Stadt. Der Baseler Nachdruck ist eines der mit am häufigsten auf Bibliotheken sich findenden Paracelsica (28); wir besitzen zwei Exemplare).

Mit Seite 221 Zeile 17: „*Stoerzel, de P. vita . . . 1840 8°*" eröffnet Rohlfs dann eine **Abschrift** aus der bekannten „Bibliographie des sciences médicales par Alphonse Pauly. Paris 1874" 8°. Zuerst wird Columne 333 und 334 abgeschrieben, dann Columne 332, unter Auslassung der von Mook citirten Schriften, aber zweimaliger Wiederholung von Rohlfs selbst schon vorher aufgeführter Werke. Die Abschrift aus Pauly reicht bis Seite 221, Zeile 4 von unten. Rohlfs schreibt den Druckfehler Paulys: „*Hoeser*" für Häser ruhig mit ab; er hatte offenbar keine Ahnung, dass darunter Prof. Heinrich Häser, „*der officielle Historiker der „naturhistorichen Schule*"" (S. 225) zu verstehen ist!! Uebrigens findet sich der gemeinte kleine Artikel Häsers nicht im Jahrgang 1855, sondern **1856** (wie Pauly auch schreibt) des „Anzeigers für Kunde der Deutschen Vorzeit" (Neue Folge, 4. Jahrg.) Nr. 3 Spalte 69. — Ebenso wird das französische Deutsch Paulys nachgeschrieben — c'est plus qu'un crime, c'est une faute! —: „*Gleichmann, Historisch Nachricht von P.*"... statt „Historische Nachricht von dem berühmten Doctore Theophrasto . . . von Johanne Zacharia Gleichmann . . . . Jena und Leipzig Anno 1732." 8°. — „*Grubel, Dissert. de P. Helmstadii. 4. 1746.*" Das soll wohl sein: „F. C. J. Grüebelius J. V. C., De Theophrasto Paracelso, Mago, Astrologo, Et Chemico . . . . Magdeburgi, Litteris Godefredi Vetteri. MDCCXLV." 4° (12 S.). — Geradezu zum Lachen ist es aber, dass Rohlfs dem französischen Autor folgendes nachschreibt: „*Müller, T. Paracelsus, ein Lebensgemälde (Beilage zur Natur, 1855. No. 4). Avec portrait.*" Reizend dies „avec portrait" bei einem deutschen Schriftstück! Das nennt man gedankenlos abschreiben!!! Das Portrait ist ein Holzschnitt nach dem Bilde von Jenichen bei Lessing und Andern.

Seite 222 Zeile 1 muss es heissen: „Th. Paracelsus, Natürliches Zaubermagazin, Frankfurt und Leipzig. 1779". 8° nicht „*natürliche Zaubermedicin, Frankfurt 1779*". (Ein für die Paracelsus-Litteratur gänzlich werthloses Machwerk, von welchem wir auch noch eine frühere Ausgabe gesehen haben, „Frankfurt u. Leipzig 1771." 8°. Es gehört ausserdem gar nicht hierher.)

Clément Joberts Pariser „Thèse pour le doctorat en Médecine" steht S. 221 (nach Pauly) genau citirt und zum zweiten Male ungenau S. 222 Zeile 12.

Albert Molls Aufsatz im Württemberg. Correspondenzblatt ist gleichfalls zweimal citirt S. 220 u. 222.

Diese Wiederholungen und Fehler sind für ein so kleines Litteraturverzeichniss bei einem „*Berufshistoriker*", wie Rohlfs, doch mindestens auffallend; Genauigkeit und Gründlichkeit sehen doch anders aus!! Rohlfs wird einsehen müssen, dass bei der Paracelsus-Litteratur Besseres verlangt wird als blosses kopfloses Abschreiben, nämlich strenge Kritik und nochmals Kritik, wenn er sich durch den Wust von Jahrhunderten, den seine Collegen angehäuft haben, hindurcharbeiten will. Hier kommt sehr viel mehr darauf an, als wenn man einem Andreas Libavius, dessen Wiege blos in Halle stand, auch einen Lehrstuhl daselbst aufstellt, wie dies Rohlfs in seinem neuesten Bande der „*Geschichte der deutschen Medizin*" S. 50 („Archiv" Jahrgang VII. S. 55) passirt ist. Gesehen hat Rohlfs diese angeführten Bücher natürlich meistens nicht, wie es ebenso natürlich ist, dass er Mook es vorwirft, sie nicht zu kennen. Das Abschreiben war die crux der ci-devant Bibliographie, der Mook den Garaus machte! Ueberhaupt hat das Mook'sche Werk trotz seiner Mängel mit der Masse seines authentischen Materials die ganzen Grundlagen der Paracelsuskunde in vielen Punkten verschoben oder neu geschaffen, und jeder muss sich damit abfinden, wenn er hinfort über Paracelsus sich auslassen will. Offenbar ist Mooks Paracelsus-Bibliographie und ihre Resultate Rohlfs sehr unbequem, und es ist sein eifriges Bestreben, durch allseitiges tiefes Heruntersetzen Mooks den bequemeren status quo ante in selbstsüchtigem Interesse festzuhalten und „*den Zeiger auf dem Zifferblatte der medicinischen Geschichte zurückzustellen*" (S. 239) auf die Zeit vor Mooks Bibliographie. Dass ihm dies nicht gelungen, ist schon jetzt für jeden Einsichtigen ausser Zweifel, wird aber unten von uns noch näher untersucht werden. Offenbar ist auch Häsers beabsichtigte Paracelsus-Ausgabe an dem durch Mook so sehr vermehrten Material gescheitert, gewiss nicht an der „*unangenehmen und verblüffenden*" „*Entdeckung*" Rohlfs', wie er sich (S. 476) seinen Lesern gegenüber brüstet.

Die Aburtheilung, welche Mook seinen Vorgängern in Paracelso zu Theil werden liess, ist oft eine zu weit gehende, darin geben wir Rohlfs ohne Zaudern Recht. Zumal für den tüchtigen Marx, dessen Verdienste um Hohenheim nicht genug gepriesen werden können, tritt Rohlfs mit vollem Recht und voller Entschiedenheit ein. Die Marx'sche Arbeit ist trotz der Correcturen, die nach 40 Jahren im Einzelnen daran zu machen sind, das Beste, was bis jetzt über Paracelsus geschrieben ist und wird wohl noch für lange das Beste bleiben. — Wenn aber Einer auch das ganze Buch auswendig wüsste, so hätte er doch damit nicht das Recht, über einen Historiker so abfällig zu urtheilen, der auf Fragen in der Paracelsus-Bibliographie eingegangen ist, von denen Marx noch nicht die blasseste Ahnung hatte, wie schon oben von uns gezeigt ist.

Die Einleitung des Mook'schen Werkes ist ein ziemlich oberflächlich gemachtes Schriftstück, zu dessen Entschuldigung man blos das anführen kann, dass es eben nur in die widersprechenden Ansichten verschiedener Autoren einen kurzen Einblick gewähren soll.

Das „Schluss-Resumée" ist noch weniger werth als die Einleitung. Mook hat das von ihm gefundene und gesichtete bibliographische Material in keiner Hinsicht durchgearbeitet; zum Ziehen von Schlüssen ist sein Stoff noch absolut unreif. Und so ist denn trotz des so sehr vermehrten und den älteren und neueren Abschreibern gegenüber festgestellten Materials die Frage der Echtheit Hohenheim'scher Schriften durch Mook nur wenig gefördert.

Mook hat eben beim Abschluss seiner med. Studien 1876 auch mit diesem historischen Thema abschliessen wollen, wie es gerade halbvollendet in seinem Schreibtische lag. Seine Ansichten über den Werth solcher historischer Untersuchungen hatten sich seit der Zeit, als er noch nach dem Doctor philosophiae strebte, sehr geändert, da er nun ja als „pract. Arzt" modernster Sorte auf seine Vorgänger von Jahrhunderten mit „angezüchteter" (R. S. 222) Missachtung herabsehen durfte. Seine ursprünglich klare Stellung zu seinem historischen Thema war ihm durch den Geist der „exacten naturwissenschaftlichen Medicin" verdunkelt worden. Darum schloss er je eher je lieber seine an sich verdienstvolle Untersuchung ab und machte so schnell als möglich aus dem ihm vorliegenden Material ein für den Druck verwerthbares Werk zurecht und nannte es — charta non erubescit — eine „kritische Studie", indem er seinen ursprünglichen Willen für die That nahm!

Aber die Initiative, auf dem einzig richtigen Wege eine Paracelsus-Bibliographie angestrebt zu haben, bleibt trotz alledem für immer sein nicht wegzuleugnendes Verdienst in der Geschichte unserer Doctrin. Das hätte auch Rohlfs trotz seiner verletzten Pietät gegen Marx anerkennen müssen; denn nur so kommt Mook in die ihm trotz alledem gebührende richtige Stellung in unserer Fachgeschichte, von der ihm ein selbstgenügsamer, jedem Fortschritt widerhaariger Kritiker auch kein Jota rauben soll, so lange eine rein objective, nicht durch subjective Launen und Grössenwahnsideen getrübte Geschichtschreibung existirt! — —

2. Hohenheim und Rohlfs.

I.

Gehen wir nun zu der Frage über, welche den grössten Theil der Rohlfs'schen Kritik ausmacht, der Frage:

Welche Anzahl von Schriften hat Paracelsus verfasst?

Nicht als ob wir die weitschichtige Frage hier kurzweg übers Knie brechen und entscheiden wollten! Nein, nur die Rohlfs'schen Ausführungen wollen wir beleuchten und auf ihre historische Berechtigung prüfen.

Wir bedauern auch dabei weit ausholen zu müssen, da Rohlfs eine grosse Menge unbewiesener und geradezu falscher Behauptungen aufgestellt hat. Einige derselben werden sich durch unsere historisch richtigen (wir heben dies noch besonders hervor) Angaben von selbst richten, so dass wir sie nicht besonders im Einzelnen vorzuführen brauchen.

Es sind seit drei Jahrhunderten genug Phantastereien über Hohenheim losgelassen worden, als dass man sich um moderne Auflagen derselben noch gross zu kümmern hätte. Wer an Paracelsus „*zum Ritter werden*" (S. 237) will, soll aber wenigstens im Rahmen strenger Geschichtlichkeit bleiben und sine ira et studio zu Werke gehen, damit nicht immer wieder von Neuem das alte leere Stroh gedroschen wird, von dem sich Marx so klüglich ferngehalten.

Was Rohlfs zur Förderung der oben aufgeworfenen Frage anfangs beibringt, sind allgemeine Erwägungen, die nicht viel helfen können.

Allerdings sind die von Mook „statuirten" sogenannten „Kriterien der Authenticität" mehr als angreifbar. Sie bedurften der krassen und umständlichen Beleuchtung kaum, welche Rohlfs ihnen angedeihen lässt, wobei er ausserdem stellenweise sehr über's Ziel hinausschiesst.

Dass indessen wirkliche **Autogramme** der dem Paracelsus zugeschriebenen Schriften von der grössten Bedeutung sein könnten für die Frage nach der Echtheit der Werke, das wird Rohlfs auch mit noch so vielen Worten keinem Denkenden ausreden können. Und dass die formale Authenticität die Untersuchung auf die geistige Urheberschaft nicht unnöthig macht, ist etwas so Selbstverständliches, dass es uns Wunder nimmt, das von Rohlfs noch des weiteren besonders betont zu sehen. Das hatte ja auch schon Marx als Axiom aufgestellt (dem er aber selber nicht mehr folgen konnte)[*]. Es ist aber bis heute noch Niemand in der glücklichen Lage, ein solches Original-Manuscript eines Hohenheim'schen Werkes aufweisen zu können. Darum lohnt es sich auch nicht, sich über diesen Punkt sehr zu erhitzen; es ist einstweilen nur das Princip zu wahren!

Um nur ein Beispiel anzuführen, so wäre es gewiss von vornherein höchst gezwungen, falls wir eine unzweifelhaft eigenhändige Niederschrift Hohenheims von den „Bergkrankheiten"

---

[*] Mooks Worte werden überdies noch verdreht, wenn er einmal von (sc. eventuellen) Original-Manuscripten und später von 28 (nicht originalen) Handschriften sprechen soll. (S. 228 u. 229.)

hätten, an der geistigen Urheberschaft des Paracelsus bei diesem Buche fernerhin zu zweifeln, das zu den charakteristischsten und eigenartigsten Schriften Hohenheims gehört. Das Thema ist in diesem Paracelsischen Werke zuerst bearbeitet, und, wie bekannt, verkehrte Hohenheim vielfach in Bergwerken, Schmelzhütten u. s. w. Der Ausweg, anzunehmen, Hohenheim habe diese Arbeit als „Heft" aus dem Munde eines andern Arztes nachgeschrieben, würde jedem Kenner der damaligen Litteratur geradezu absurd erscheinen müssen. Als Unicum steht-das Werk in der Litteratur des 16. Jahrhunderts. Auch ist von Niemanden bisher die Vaterschaft Hohenheims hier ernstlich in Frage gestellt worden, trotzdem dass das Buch — ganz abgesehen von dem Fehlen der nur vorläufig gegebenen Marx'schen äusseren Kriterien — uns zunächst nur in dem einzigen Dillinger Separatdrucke (Mook Nr. 58) von sonst unbekannter Hand zugekommen ist, dessen vielfache Fahrlässigkeiten schon Georg Forberger 1575 herb tadelte*). Auch giebt Huser an, dass er (ausser kleinen autographen Zetteln, welche dasselbe Thema berühren) kein Original-Manuscript gehabt habe. Alle inneren Gründe für die Echtheit sind vorhanden, aber alle äusseren Belege fehlen. Es würde also eine zweifellos echte eigenhändige Niederschrift Theophrasts von Hohenheim die Frage entscheiden, das fehlende äussere Beweismaterial erbringen.

Und so liessen sich noch mehr Fälle anführen, in denen uns eine echte Paracelsus-Handschrift ein grosses Dilemma mit einem Schlage lösen könnte. (Paramirum I, De vita longa, Archidoxen u. s. w.)

Die von Rohlfs ohne jeden ersichtlichen Grund, nur auf allerhand moderne Betrügereien hin aufgebotenen Schreiber, welche die Handschrift Hohenheims nachgeahmt haben sollen, sind einer seiner vielen Nachtisch-Einfälle; auch nicht mit dem geringsten Nachweise weiss er diese vage Behauptung von dergleichen Kunstschreibern zu belegen.

Ebenso geht Rohlfs bei der Verdächtigung der Drucke intra vitam Paracelsi (Seite 230—231) viel zu weit, wenn da auch für jeden Kritiker und Kenner selbstredend Vorsicht geboten ist.

---

*) Mook Nr. 117. Vol. II. Anhang, Seite 138—139.

Rohlfs spricht es zwar nicht geradezu aus, aber jeder Aufmerksame muss es zwischen den Zeilen als Rohlfs' Ansicht erkennen, dass Alles von Mook als in den Jahren 1529—41 gedruckt aufgeführte, ausser der Grossen Wundarznei, entweder untergeschoben, oder gegen den Willen Hohenheims veröffentlicht oder zurückdatirt ist.

Es ist eine grenzenlose Anmaassung, dass ein Mann, der auch nicht einen einzigen der Originaldrucke von eigener Ansicht kennt, so schlankweg über mühsam gewonnenes historisches Material wie ein naseweiser Schuljunge aburtheilt.

Mehrere von den bei Mook genannten Drucken aus den Jahren 1529—37 sind von gründlichen Kennern des Buchdrucks im Anfang des 16. Jahrhunderts als zweifellos echt in ihre Repertorien aufgenommen*); typographisch lässt sich daran durchaus nicht rütteln. Und die beiden andern Möglichkeiten? Ja, was ist nicht alles möglich! Ein positiver Beweis verlangt Kenntniss des einschlägigen Stoffes, aber daran fehlt es Rohlfs allenthalben. Wenn man nichts gelesen hat, als die Grosse Wundarznei, noch dazu in der schlechtesten Ausgabe, hat man noch kein Privilegium, über unbekanntes und unverstandenes historisches Quellenmaterial anderer mit fadenscheinigen Möglichkeiten herzufallen.

„*Nach diesen Collegienheften mögen denn manche Schriften von ihm unter seinem Namen veröffentlicht sein, ohne dass er es vielleicht mal erfuhr*", so faselt Rohlfs. Ja, „*mögen manche vielleicht mal*", das ist die ganze Widerlegung! Nehmen Sie Ihre Leser ernster, Herr „*Berufshistoriker*"! Nennen Sie uns auch nur eine Schrift unter den von Mook aus den Jahren 1529—37 aufgefundenen, die, mit einiger Wahrscheinlichkeit auch nur, ein Collegienheft eines Baseler Hörers Hohenheims darstellt, dann wollen wir auch Ihre Deductionen ernst nehmen! Bis dahin sind sie — zum Lachen! — —

Hätte Rohlfs wirklich etwas von Collegienheften gewusst und sie nicht blos aus blauer Luft gegriffen, so würde er hier auf die Nachschriften Baseler Zuhörer Hohenheims eingegangen sein, welche eine so reichfliessende, bis jetzt völlig übersehene, auch Marx und

---

*) Cfr. z. B. Georg Wilhelm Zapf, Augsburgs Buchdruckergeschichte nebst Jahrbüchern derselben. Zweyter Theil. Augsburg 1791. 4⁰. S. 186.

Mook völlig unbekannt gebliebene, Quelle von Nachweisen Paracelsischer Thätigkeit und Selbständigkeit darbieten — Notabene auf die Collegienhefte, welche heute noch existiren, von welchen Huser eine ganze Anzahl abdruckt. Ja Huser hat uns sogar aus einigen Collegien mehrere Nachschriften verschiedener Hörer aufbewahrt, in einzelnen Fällen allem Anschein nach ohne es selbst zu wissen*).

Es ist aber ein anzuerkennendes Verdienst Husers, dass er uns diese Collegiennachschriften erhalten hat. Natürlich sind sie nur cum grano salis zu benutzen und keineswegs den echt Paracelsischen Schriften an Werth gleichzustellen, wie sehr sie Hohenheim auch als *„geistigem Verfasser"* (S. 229.) angehören. Kritisch sind noch nicht im Geringsten verwerthet.

Aber Rohlfs gegenüber müssen wir betonen, dass von den bis jetzt bekannten intra vitam Paracelsi erschienenen Schriften sicher keine aus solchen Studentenheften hervorgegangen ist, wenn Rohlfs auch in seiner saloppen Weise, ohne ein besonderes Werk zu nennen, den Verdacht aufkommen lassen möchte, damit aber nur eine höchst billige Behauptung auf den Markt wirft, ohne von deren Gegenbeweisen auch nur die mindeste Kunde zu haben.

---

*) So gehören z. B. (Chirurg. Bücher und Schriften Folio-Ausgabe, S. 459—475) die Praelectiones Chirurgicae de vulneribus" und (ib. S. 552—570) „De vulneribus Praelectiones" demselben Colleg an; die erstere Niederschrift ist von dem Humanisten Basilius Amerbach, die zweite von Johannes Oporinus aufgezeichnet. Huser hat ihre Abstammung aus einem Colleg nicht bemerkt. Benedict Figulus hat die erstere Niederschrift, angeblich nach dem Autogramm Amerbachs 1608 nochmals edirt und soweit nöthig verdeutscht, aber an einigen Stellen ist der Text protestantisch überarbeitet (!!), wobei es fraglich bleibt, ob den Herausgeber Mitschuld trifft (Strassburg, Paul Ledertz. 8⁰; Mook Nr. 181); denn auch die Ausgabe der „Chirurgia vulnerum" durch Conrad Khunrat („Gedruckt zu Schlesswig, durch Nicolaum Wegener" s. a. 8⁰ cfr. Mook Nr. 195, dem ein anderer Druck, als der in unserem Besitz befindliche, vorgelegen hat) und ein Leidener Manuscript aus dem Ende des 16. saec. (Cod. Voss. Chym. 4⁰. Nr. 56) stehen in ihren Lesarten meist auf Seite des Figulus gegen Huser. — — Bei diesen Vorlesungen ist auch noch ein Versehen Friedrich Wiegers in seiner „Geschichte der Medicin und ihrer Lehranstalten in Strassburg" (Strassburg 1885. 4⁰ Seite 2) anzumerken. Man hat es keineswegs dem Paracelsus nachgerühmt, dass er zuerst deutsche medicinische Bücher schrieb; sondern dass er der Erste gewesen, welcher an einer deutschen Hochschule deutsche Vorlesungen hielt.

Auch die andern Rohlfs'schen „Möglichkeiten" lassen sich in vielen Fällen bei den Drucken aus der Lebenszeit Hohenheims bedingungslos ausschliessen, wenn man das Material kennt. Wenn z. B. der Augsburger Buchdrucker Heynrich Steyner (Stayner) am 28. Juli 1536 das I. Buch der „Grossen Wundarznei" im Druck beendigt, am 22. August 1536 das II. Buch, am 3. Februar 1537 das I. Buch in 2. Auflage und „im Monat Hornungs des M.DXXXVII. Jars" die 2. Auflage des II. Buchs*), — wenn, sagen wir, dieser selbe Drucker am 23. August 1536 (also mitten unter den andern Schriften Hohenheims!) die „Prognostication auf xxiiij jar zukünfftig, durch den hochgelerten Doctorem Paracelsum" (ebenso wie die Grosse Wundarznei dem König Ferdinand gewidmet) veröffentlicht und 3 Tage später dasselbe Werkchen lateinisch — so ist die Urheberschaft Hohenheims auch für diese Schrift doch so gut wie gewiss. Man kann weder annehmen, dass dies Werk ihm untergeschoben, noch dass es gegen seinen Willen erschien; denn Paracelsus stand damals in beständigem persönlichen Verkehr mit der Steyner'schen Officin, weil er, wie sich aus dem unten noch zu besprechenden „Zedelin" ergiebt, den Druck der Grossen Wundarznei und dessen Correctur persönlich überwachte.

Zufällig können wir auch die dritte Rohlfs'sche Möglichkeit (des betrügerischen Zurückdatirens durch den Drucker), bei dieser „Prognosticatio ad vigesimum quartum vsque annum duratura . . ."**), welche „XXVI. Augusti, An. M.D.XXXVI." erschien, authentisch

---

*) Mook kennt dies II. Buch von 1537 nicht; es findet sich in Erlangen, München, Donaueschingen (ohne Titel) und Graz. Das I. Buch ist auch nicht nur in Darmstadt, wie Mook sagt, sondern auch in Graz, Salzburg (Mus.) und München. Die Ulmer Ausgabe des I. Theiles von 1536 existirt gleichfalls trotz Mooks Zweifeln; sie befindet sich in Dresden, Augsburg, Freiburg, Strassburg, Berlin, Düsseldorf und in unserm Besitze. Die Augsburger Ausgabe ist namentlich gegen das Ende hin ganz neu überarbeitet.

**) Die von Ferguson (II. Theil S. 7) richtig bemerkte Titelabweichung des Exemplars im Britischen Museum, findet sich auch im Erlanger und Wiener Exemplar (bei dem Erlanger Exemplar fehlt die Drucker-Notiz [Kolophon] am Ende, obgleich das letzte Blatt vorhanden). Es ist aber nur eine Titel-Abweichung; der übrige Text ist ganz der gleiche Druck wie Mooks Nr. 10, welche sich ausserdem in Wolfenbüttel, Brüssel, Zwickau und Prag findet.

widerlegen. Das Exemplar der Wiener Hofbibliothek („72. X. 60")
hat unten auf dem Titelblatt die geschriebene Notiz des ersten Besitzers „Emtus 16. ₰ [?] anno 1537 in nundinis in Biberach." Die
Schriftzüge sind die denkbar characteristischsten für diese Zeit. Diese
Notiz beweist, dass das Büchlein 1537 schon im Handel war; es ist
also sicher nicht zurückdatirt. (Oder sollte der Schreiber auch nur
ein geschickter Fälscher sein [wie Rohlfs sie annimmt], ein Mitglied
der grossen Fälscherbande, welche uns die Kritik der Paracelsus-
Schriften unheilbar verwirren wollte!???)

Durch diese verschiedenen Nachweise auf festem Boden werden
aber die in der Luft schwebenden Aufstellungen Rohlfs' schon bedenklich durchlöchert. Wir können aber noch Gewichtigeres gegen
dieselben aufführen.

Uns sind **23 Drucke aus den Jahren 1529 — 38** bekannt.
(Mook kannte deren 14.) Ausser den 5 Nummern der Grossen
Wundarznei sind medicinisch interessant davon nur die 3 auch
Mook bekannten:

„Vom Holtz Guaiaro..." 1529.
„Von der Frantzösischen kranckheit Drey
Bücher..." 1530.
„Vonn dem Bad Pfeffers..." (1535).

Die beiden ersten sind gewiss ebenso echt von Theophrast
von Hohenheim, wie die Grosse Wundarznei; denn typographisch
lässt sich nichts dagegen aufbringen, dass sie Friedrich Peypus 1529
und 1530 in Nürnberg druckte, und der Zweifel, dass sie ohne Wissen
und Willen Hohenheims unter Usurpierung seines Namens gedruckt
seien, kann gegen die authentisch bewiesene Thatsache gar nicht aufkommen, dass derselbe sich damals in Nürnberg aufhielt und am
23. November 1529 die 3 Bücher von der französischen Krankheit
dem bekannten Nürnberger Reformator Lazarus Spengler dedicirte.
(Wir kommen unten noch darauf zurück.) Auch das Buch über
Pfäffers ist nicht anzuzweifeln, zumal es durch handschriftliche
Documente zu erweisen ist, dass Paracelsus mit dem Abte
Russinger von Pfäffers in ärztlichem Verkehr stand. (Vergleiche
auch die Vorrede zu der späteren Edition von 1619. 4°. (Mook
Nr. 196.)

Alles Uebrige, soweit uns bekannt, bei Lebzeiten Hohenheims gedruckte sind — mit Ausnahme der Schrift über den (Halley'schen) Kometen (Mook Nr. 5) — politische und astronomisch-meteorologische Prognosticationen, zum Theil Spielereien der Paracelsischen Laune, zum Theil höchst ernst gemeinte, aber vorsichtig abgefasste Polemiken gegen die Astrologen seiner Zeit. Die genauere Untersuchung müssen wir hier unterlassen; auch der Frage der Echtheit derselben hier näher zu treten, halten wir heute nicht für nöthig. Erwähnt sei nur noch, dass diese „Prognostica" etc. weder Huser noch Mook **alle** bekannt waren.

Aber bei der „**Grossen Wundarznei**"*) müssen wir noch etwas verweilen.

Es wird gemeinhin behauptet, so auch von Rohlfs, dass dies Werk in **drei Theilen** erschienen sei; aber bis heute ist kein **dritter Theil**, der von **Paracelsus** selbst zum Druck befördert wäre, gefunden. Die erste Ausgabe, welche **drei Theile** giebt, ist eben die Frankfurter von Han und Rabe 1562. 4° (cfr. oben S. 21). Sie hat aber nicht den richtigen 3. Theil, der damals noch gar nicht gedruckt war, sondern sans façon die 3 Bücher von der französischen Krankheit als 3. Theil angefügt, die demzufolge ein Unkundiger wie Rohlfs gläubig hierfür hinnimmt, wenn ihm Kritik und Wissen abgeht.

Bekanntlich sagt Paracelsus 1536 hinter der Vorrede des ersten Theils, dass er seine Wundarznei in **fünf** Theile eintheile. (Dem Ulmer Druck 1536. Fol. fehlt diese Notiz.**) Der einzige, welcher hierdurch veranlasst 5 Theile zusammenstellte, ist Bodenstein im

---

*) Rohlfs, der nach eigener Aussage (S. 218) seit 30 Jahren an dieser harten Speise kaute, schreibt fast immer „die grosse Wundarzneikunst" und sogar manchmal (S. 230 z. B.) mit Anführungszeichen, während doch in allen Ausgaben „grosse Wundarznei" steht (die Schreibweise natürlich verschieden). Und doch war dies offenbar die einzige Schrift Hohenheims, welche Rohlfs damals, als er sich an die Vernichtung Mooks, Husers und theilweise auch Hohenheims selbst wagte, (in der schlechten Frankfurter Ausgabe) gelesen hatte.

**) Huser hat dies in der Quart-Ausgabe abdrucken lassen, wie recht und billig (S. Ca v); in der Folio-Ausgabe ist diese Stelle sammt der Inhaltsübersicht über das 1. Buch in Wegfall gekommen; die Erben haben anstatt dessen die Inhaltsübersicht über den ganzen Sammelband der chirurgischen Schriften eingefügt an höchst unpassender Stelle. Vielleicht ist der Drucker der Sünder!?

„Opus Chyrurgicum", zuerst 1564, Strassburg, Fol. Er sagt in der Vorrede, er habe diese 5 Theile — welche er auf der Rückseite des Titelblattes so ziemlich mit den Worten Hohenheims (an der eben genannten Stelle) in ihrem Inhalte anführt — „mit raisen, müh vnd arbeyt zu wegen gebracht." Die beiden ersten Theile seien 1536 von Hohenheim selbst herausgegeben, die übrigen 3 aber seien früher noch nicht erschienen. (Das stimmt auch vollkommen mit unserer heutigen Kenntniss: was Bodenstein als Theil 3 u. 4 giebt, kommt damit zum ersten Mal unter die Presse, ebenso der grösste Theil der elf Bücher des 5. Theils. Denn nur 3 dieser elf Bücher waren vorher schon gedruckt: die mehrfach genannten 3 Bücher „von der französischen Krankheit" [1530, 1552, 1553 u. 1562 gedruckt].)

Ein Fragment des aller Wahrscheinlichkeit nach echten 3. Theils der Grossen Wundarznei gab zum ersten Mal Georg Forberger heraus 1579 in Basel bei Peter Perna 8° (Mook Nr. 133). Er sagt in der Vorrede, dass Paracelsus nur die 2 ersten Theile „Anno 36 Augfpurg" habe erscheinen lassen. Desselben weitere Bemerkungen über Bodensteins „5 Theile" hat Joh. Huser ziemlich wörtlich abgedruckt am Schlusse des 3. Theils (Chirurg. Schriften I. Theil. Basel. 1591. 4°. S. 398 fg.; Folio-Edition S. 148), wie er denn überhaupt im Texte hier Forberger gefolgt ist. (Bei Huser hätte Rohlfs also nur nachzusehen brauchen, um über die Grosse Wundarznei etwas klarer zu werden.)

Wir führen dies nur deshalb hier an, um zu zeigen, dass schon damals 1564 und 1579 zwei so eifrige Paracelsus-Forscher, wie A. v. Bodenstein und G. Forberger nur von den zwei ersten Theilen der Grossen Wundarznei wissen, dass sie in Augsburg 1536 erschienen sind. Wir wollen damit durchaus nicht die Frage nach dem von Hohenheim versprochenen 3.—5. Theil der Grossen Wundarznei erledigt haben; dazu bedarf es einer ganz anders eingehenden Abhandlung, wie wir ausdrücklich hervorheben!

Soviel ergeben unsere Ausführungen mit Sicherheit, dass es nicht angeht, so schlankweg von der Grossen Wundarznei mit Rohlfs zu sagen „*sie besteht aus 3 Theilen*" (S. 230), weil die Firma Han u. Rabe 3 Theile daraus machte. Wenigstens ist es bis heute durch nichts bewiesen, dass Hohenheim selbst seine Grosse Wundarznei in 3 Theilen herausgegeben hat. Kritik ist für den Bibliographen und Historiker doch besser als solch' vertrauensseliger Glaube an buchhändlerische Büchercombinirungen, zumal, wenn man selber über die Kulturzustände des XVI. saec. so erstaunliche Weisheit vorträgt, um sie sophistisch gegen Drucke und Manuscripte zu verwerthen (S. 234.)!

Höchst characterisirend für unsern „*competenten Historiker*" ist auch seine Berufung auf Melchior Adam, „*den Theophrast in der Zeit am nächsten stehenden Historiker und Biographen*". Adam schrieb aber seine „Vitae Germanorum Medirorum" erst 1620, fast ein Jahrhundert nach Hohenheims schriftstellerischer Thätigkeit. Als solche Theophrast am nächsten stehende „*Historiker und Biographen*" kann man doch nur Conrad Gesner („Bibliotheca Universalis" 1545) und Jacob Gohory („Compendium" 1567; den Rohlfs gar nicht zu kennen scheint) nennen, während Adam doch nur aus zweiten und dritten Quellen geschöpft hat*). Man sieht aber, was bei Rohlfs alles „möglich" ist, wenn er seinen „*Gläubigen*" durch Citate imponiren möchte.

Wenn Rohlfs dann weiter S. 231 schreibt: „*Wenn man nun erwägt, dass er ein fortwährendes Wanderleben führte, wie konnte er denn so viele Schriften verfassen? Sagte er doch selbst, dass er in zehn Jahren wohl nichts geschrieben und gelesen habe?*" so hat er wohl die Glocken läuten hören, weiss aber nicht, wo sie hängen! Wir wollen zu seiner Ehre annehmen, dass er die bekannte Stelle, worauf seine Worte anspielen, nicht selber kennt.

Sie findet sich in einem nur von Huser uns aufbewahrten fragmentarischen Vorwort zu einer nicht ganz leicht zu bestimmenden Schrift**). Huser giebt es „ex Autographo"; leider ist es nicht datirt. Die grössere Wahrscheinlichkeit spricht für die Jahre 1529 oder 1530.

Hohenheim entschuldigt sich da, dass er so lange mit Veröffentlichung seiner Schriften zögere; es sei aber nicht **seine** Schuld. Am **Schreiben** seiner Werke habe ihn all' sein Wandern und die Reisezufälle **nicht** gehindert noch versäumt. („**Dann wio offentlich ist, das mir kein hinderung gebracht hat, mein beweglich wesen, mein Peregrinirens**, oder anlauff der lachenden

---

*) Wie er sie ja auch selbst am Schluss seiner Biographie zum Theil anführt.
**) Vermuthlich zum Paramirum I. (?)

zufell.... Alles ohn Hinderung oder saumung in allen meinen arbeiten hingangen"). Zum Character seiner Schriften übergehend, sagt er dann: "Ein ander vermeint, ich stiell mein arbeit, deren keine nie an tag gesein ist. ... Lieber erkennen selbst, vnd wil das bezeugen, das ein jedlicher Leser mercken soll, das meiner Werck nie keins vor beschriben sey worden, weder durch Philosophos noch Medicos erhört noch gelesen: ..... Zudem das mein gegenwertig Liberey einem jedlichen wissen ist, sechs Bletter nicht vermag, noch underhab so viel, das ich möcht ein Bogen vberschreiben*): Vber das alles meine Secretarij bezeugendt das solchs vom Mundt geht, vñ in zehen Jahren kein Buch gelesen offentlich ist." (Huser 4°. Edit. Bd. V. S. 133; Fol. Edit. I. 131.)

Wo steht da, dass Hohenheim in 10 Jahren nichts geschrieben?!! Im Gegentheil, er spricht von seiner Autorenthätigkeit. Trotz aller Irrfahrten und Reisestörungen ist er am Niederschreiben seiner reformatorischen Gedanken. Aber alles, was er schreibt und dictirt, ist rein und allein in seinem Kopfe gewachsen, aus seinem Geiste geboren und eigenen Beobachtungen der Natur am Krankenbette etc. entnommen. Kein früherer Autor wird von ihm ausgeschrieben oder auch nur benutzt. Als schlagenden Beweis, wie sehr er einzig aus dem eignen Innern heraus seine Werke schaffe, führt er an, dass seine Bibliothek gegenwärtig auf der Reise keine 6 Blätter stark sei; auch sei es ja allgemein bekannt, dass er seit 10 Jahren kein (medicinisches) Buch gelesen.

Das sagt unsere Stelle! Sie lässt sich also nicht im Entferntesten dazu verwerthen, wozu sie Rohlfs nach blossem Hörensagen heranzieht, sondern bildet im Gegentheil ein Glied in der grossen Kette von Beweisen, welche sich gegen die Rohlfs'schen Fictionen für den wirklichen Kenner von selbst ergeben, als habe Paracelsus' schriftstellerische Thätigkeit sich auf wenige kleine Büchlein beschränkt.

Wir wollten oben zur Rohlfs Ehre annehmen, dass er die Stelle nicht selbst kenne (obgleich er sie als **Beleg** citirt!!); denn sonst hätte er sich durch die Hinzufügung der Worte „*nichts geschrieben*" einer **groben Fälschung** schuldig gemacht, was wir nicht annehmen wollen,

---

*) Man sieht Rohlfs und alle anderen Verkleinerer Hohenheims hatten schon bei Lebzeiten Hohenheims ihre Vorläufer im Herabsetzen des ihnen zu genialen Mannes, der sich derselben schon selbst erwehrte.

obgleich wir dadurch Gelegenheit hätten, von *„literarischen Kautschuck und Taschenspielerkünsten"* mit grösserem Rechte zu reden, als Rohlfs, der dies von Mook (S. 228) zu sagen sich nicht „entblödet".

Wenn Rohlfs (Seite 231) weiter sagt *„es wäre doch auffallend, dass Hohenheim nicht auch mit seiner Schriftstellerei geprahlt haben sollte. Ich habe nirgends eine solche Stelle gefunden!"*, so nimmt uns das Letztere nicht Wunder. Wenn Rohlfs einmal mehr von Hohenheim gelesen haben wird, so wird er von der „Prahlerei" desselben auch noch mehr kennen lernen und dann vielleicht auch anders darüber denken, ob man in seinen Schriften Belege dafür hat, die auf grössere schriftstellerische Thätigkeit „rühmend" hinweisen.

Ueberhaupt wäre es ja wohl recht bequem, mit Hohenheim auf die Art fertig zu werden, dass man nur einen minimalen Theil seiner Schriften von vornherein, ehe man ihn ganz gelesen, als echt nachwiese und damit der mühsamen Durcharbeitung des ganzen übrigen „Wustes" überhoben wäre!! So macht man Geschichte, wird aber alles andere eher, als ein Historiker von Beruf! — — —

Rohlfs liefert dann weiter (S. 231/32) den schönen Satz: *„Hierzu kommt, dass alle Berichterstatter übereinstimmend von ihm melden, dass wenn er mal in die Lage kam, zu schreiben, er nicht selbst schrieb, sondern sich seiner Secretaire zu bedienen pflegte."*

Ja, alle Berichterstatter! Wie viele der Art kennt denn Rohlfs, die davon etwas Sicheres wussten? Wir fürchten, der „einfältige" Oporinus, der obendrein nur über die Jahre 1527/29 höchstens etwas aussagen konnte, wird allein herhalten müssen!

In Wahrheit liegt die Sache doch etwas anders. Wir können nämlich mit Rohlfs sagen (S. 230): *„die richtigste Anschauung erhält man, wenn man sich entschliesst, die grosse Wundarzneikunst selbst zu lesen"*. Also fassen wir den grossen Entschluss, nehmen wir die grosse Wundarznei von 1536, aber wohl verstanden im Original, und nicht in dem schlechten Frankfurter Nachdrucke zur Hand und schlagen den ersten Theil auf! Was steht da auf der Rückseite des Titelblattes? (Man sieht, wir haben nicht nöthig sehr weit einzudringen, um Rohlfs zu widerlegen.)

*„. . . . Leser, vor dem vnnd ich angreiff das Buch, muss ich dich das zedelin zulesen bemühen. Ich hab dise Wundartzney geschriben, in zway Exemplar, **inn mein haudgeschrifft**, das ander*

ium eins jungen substituten, nu hab ichs dem jungen pronunciert, wölcher aber nit des lateins perfect gewesen ......" Dieses Dictat des „jungen Substituten" gab er dem Buchdrucker Hans Varnier in Ulm; als dieser aber nicht nach seinem Willen vorging, dictirte Hohenheim das Buch nach seiner eigenen Niederschrift nochmals einem andern Amanuensis für den Drucker Stainer. „.... Hab also das alt exemplar von newem widerumb pronunctiert einem andern substituten vnnd .... Stainer ... zugestelt, mit vorbedingter meiner selbs corrigierung."

Hier haben wir also den besten Berichterstatter über die Paracelsische Art Bücher abzufassen, Hohenheim selbst in dem authentischsten aller Werke, das unter seinen Augen gedruckt war, und das lehrt uns mit nichten, dass er, *„wenn er mal in die Lage kam zu schreiben, er nicht selbst schrieb"*, sondern dass er eigenhändig dies sein grosses Werk niedergeschrieben und nur zum Zwecke der Drucklegung (wohl seiner schwer leserlichen Handschrift wegen) zweimal einem Amanuensis dasselbe nach eigenem Manuscripte in die Feder dictierte.

Dieser einzelne Fall lässt sich aufs Authentischste nachweisen; er ist zwar nicht der einzige, aber der schlagendste. Er zeigt uns ausserdem, dass Rohlfs besser gethan hätte, wenn er sich auch andere Ausgaben der von ihm so werthgehaltenen, vielbenutzten und so tief studierten *„grossen Wundarzneikunst"* angesehen hätte, als die „Han vnd Raben"'sche von 1562, der dieses „Zedelin" fehlt. (Auch 1537 ist es weggelassen, wie sonst immer; der vielgeschmähte Huser hat es pietätvoll in der Quartausgabe von 1591 abgedruckt.)

Die namentlich aus der Baseler Zeit bekannte und auch später noch geübte Manier Hohenheims, seine Gedanken — à la Goethe — den Secretariis in die Feder zu dictiren, ist also keineswegs die einzige und immer geübte und lässt sich somit auch nicht dafür als Beweis verwerthen, dass alle Nachrichten verschiedener Herausgeber „ein Manuscript von Hohenheims eigner Hand habe ihnen vorgelegen", eitel Wind oder Selbstbetrug der Editoren war.

II.

Nun zu der „*Entdeckung*", welche Rohlfs gemacht haben will, seinem „*unwiderleglich beigebrachten Beweis, dass Theophrastus von Hohenheim bis zum Jahre 1536, also bis zum 5. Jahre vor seinem Tode, einschliesslich der „grossen Wundarzneikunst" nur 6 Bücher verfasste.*" Derselbe soll „*die Gläubigen in grosse Aufregung versetzt haben*"!!!! (Die Wissenden hat er sehr kalt gelassen!!) „*Viele Gelehrte*" haben Rohlfs „*ihren Dank dafür ausgesprochen, dass er die dreihundertjährige Streitfrage hinsichtlich der Zahl der echten Schriften des Theophrastus von Hohenheim endlich gelöst hat.*" (Rohlfs' Archiv S. 473/474.)

Wenn Rohlfs selbst mit solcher Emphase seine „*Entdeckung*" anpreist, so muss sie gewiss von grosser Bedeutung sein. Schade, dass er uns in seiner weltbekannten Bescheidenheit die Namen der „*Gelehrten*" nicht nennt, welche dieser „*Entdeckung*" zugejubelt haben; denn bevor wir die nicht kennen, glauben wir weder an ihre Vielheit, noch an ihr Gelehrtenthum, noch an ihre Danksagungen! —

Wohlfundirt wird diese „*verblüffende Entdeckung*" (S. 476) auch wohl sein!

Sehen wir uns deshalb zunächst einmal die eigenen Worte des Entdeckers genau an. Er schreibt (S. 232):

„*Die ganze viel ventilirte Frage seiner Schriftstellerei wird „aber durch eine Stelle seiner Grossen Wundarzneikunst ent- „schieden, die wunderbarer Weise auch von denen übersehen „wurde, welche Theophrastus nicht blos à la Mook biblio- „graphisch untersuchten.*"

„*Diese Stelle lautet wörtlich:*
„„*ich habe geschrieben etliche Libel, meinem Secretario zu ehren „„Doctori Cornelio, Doctori Andreae, Doctori Ursino, Licentiatio „„Pangratio und Magistro Raphaeli.*""

„*Diese Worte schrieb er im Jahre 1536; er gesteht also „selbst, nur fünf kleine Bücher bis dahin geschrieben „zu haben; da er aber nur bis zum Jahre 1541 lebte und in „dem ganzen Zeitraum seiner Wirksamkeit sich blos als Ver- „fasser von fünf betrachtet, so ist es geradezu widersinnig, anzu-*

„*nehmen, er habe in der kurzen Zeit von da bis zu seinem Tode weit über hundert Schriften verfasst.*":

Allerdings! Wir finden diese letztere Annahme nach u n s e r e r Paracelsus-Kenntniss (die auch nicht nur „*bibliographisch à la Mook*" ist) einstweilen gleichfalls widersinnig. Aber wenn auch nicht „*widersinnig*" (denn es mag A b s i c h t dabei sein!), so doch im h ö c h s t e n G r a d e unexact finden wir es ebenfalls, dass ein sich für exact ausgebender Historiker, wie R o h l f s , eine angeblich so viel beweisende Stelle anführt, o h n e g e n a u e s C i t a t , wo er sie gefunden.

Wo steht denn diese Stelle? R o h l f s sagt fast orakelhaft „*in der Grossen Wundarzneikunst*" und „*diese Worte schrieb er im Jahre 1536*". Warum denn kein genaues Citat?? — — — Das heisst ja die nicht sehr bewanderten Leser (*„Gelehrte"* nennt sie R o h l f s) an der Nase herumführen.

Also suchet, ihr Leser, suchet!! Leset die ganze Grosse Wundarznei Augsburg 1536 durch und leset sie wieder durch — — — — **Ihr werdet die Stelle nicht finden!!!**

Die Stelle ist aber eine längst bekannte und wegen der Namen von Schülern H o h e n h e i m s sehr werthvolle, die schwerlich einem Kenner der Werke T h e o p h r a s t s jemals entgangen ist*); es sei denn A d e l u n g in seiner Narrengeschichte, der sie aber auch wohl nur nicht kennen wollte. —

So ist sie denn gefunden! Aber nicht in der Grossen Wundarznei und nicht im Jahre 36 ist sie geschrieben — wie R o h l f s aus dem Sammelsurium von Han und Rabe herausliest, das ihn so manchesmal auf die Leimruthe geführt hat — sondern sie ist geschrieben **spätestens im November 1529** in Nürnberg und gedruckt ebendort im J a h r e 1 5 3 0 bei Friedrich P e y p u s. Sie steht im „ander Buch" der schon oben vorgeführten Schrift „Von der Frantzösischen kranckheit. Drey Bücher. Para.", gewidmet „Dem Erbarn vnd achtparn herren Lasaro S p e n g l e r, Radtschreiber diser**) löblichen Stadt

---

*) M u r r z. B. führte diese Stelle schon 1799 in seinem „Neuen Journal . . ." II. Theil S. 210 auf; M. B. L e s s i n g erwähnt sie in seiner Monographie über Paracelsus (1839) auf S. 14; R i x n e r und S i b e r 1819. S. 21 u. 1829 S. 25 u. s. w.

**) So steht gedruckt als unumstösslicher Beweis, dass H o h e n h e i m während der Abfassung der Schrift in Nürnberg verweilte.

Nürmberg." "Datum Nürnberg den 23. Nouembris. Anno etc. 29. Theophrastus von Hochenheim beyder Artzney Doctor." auf Blatt Aij^r. — Diese Schrift, welche Rohlfs mit den Frankfurter Nachdruckern für den 3. Theil der Grossen Wundarznei gehalten hat, liegt uns im Original vor: wir besitzen sie selbst. Am Schlusse des Quartbändchens (N$_6$^{r}) steht: „Gedruckt zu Nurmberg durch Friederich Peypus. 1530" *).

Gemäss der Disposition dieser drei Bücher von den „Frantzosen" gibt Hohenheim im ersten Buche „die Impostur der Artzney" für die Syphilis, und im zweiten Buch die Correctur dieser Imposturen, wobei die einzelnen Kapitel einander gegenseitig zur Erklärung dienen; die Reihenfolge der Kapitel ist indess nicht ganz die gleiche in beiden Büchern. Es correspondirt in unserm speciellen Falle Abschnitt 12 des ersten Buchs mit dem 22. Kapitel des zweiten Buches. Um dies uns interessirende 22. Kapitel zu verstehen, muss man also zuerst „die Zwelfft impostur, so mich von meinen eygnen knechten angelangt hat" lesen und danach das „zweyundzweintzigst Capitell von Corigierung meiner Knechten" **).

Hohenheim schildert, wie die meisten seiner Schüler, nachdem sie einige gute Curen gesehen und die Recepte, welche durch ihre Hand gingen, heimlich abgeschrieben, in aller Stille sich davon machten und sich dann als grosse Heilkünstler aufspielten etc. Dabei hätten sie als Anfänger natürlich nicht gemerkt, was nur therapeutische „Experimente" gewesen, was sich als unbrauchbar erwies, und was schon klar von ihrem Lehrmeister erkannte feststehende Wahrheiten waren. Ausserdem fehlte ihnen die Erfahrung, ohne welche alle „Künste" nichts nütze seien; bei diesen seinen „Apostaten" seien die abgelernten „Künste" darum meist „todt" und würden ohne Verstand gebraucht.

Er meine jedoch nicht alle seine Schüler mit diesen falschen Gesellen, nicht alle die ihm gedient. Es gäbe auch Ausnahmen! Die, welche er ausnehme, denen „schreibe er zu als Erfarnen"! Das kann etwa heissen: „denen widme ich Schriften, als solchen,

---

*) Mook Nr. 4. Ausser den von Mook genannten Stellen haben wir das Buch noch auf der Gymnasialbibliothek in Zwickau gefunden.
**) Die betreffenden Stellen finden sich bei Huser, Chirurg. Schriften. Folio-Ausgabe. S. 159 u. 173.

welche mich verstanden haben", „für diese schreibe ich und sie verstehen mich auch". Die falschen Gesellen, deren gedenke er beim Schreiben wenig. So habe er Libelle gewidmet („zu ehren geschriben")*) folgenden mit Namen genannten Schülern.

Wir geben jetzt die ganze Stelle nach dem Original-Druck von 1530:

„Nit dz ich all meine Diener meine, Die, die ich nit meyn," (mit der Schilderung der „falschen Knechte") „den schreib ich „zu als erfarnen, vnnd die ich meine, der gedenck ich wenig. „Ich hab geschriben etlich Libell meinem Secretario zu ehren, „doctori Cornelio, auch doctori Petro, doctori Andree, doctori „Vrsnio (sic!), Licentiato Pangratio, vnd magistro Raphaeli, Auch „yn sonderheit yhn allem vertrawen, gepraucht meinen getrewen „Johannem Opporinum."

(Zur Bequemlichkeit und zur Andeutung einer stellenweise andersartigen Auffassung setzen wir Dalheims lateinische Uebersetzung dieser Stelle vom Jahre 1573 hierher [Tom. II. p. 127, verdruckt für 135; Mook Nr. 101], welche Uebersetzung auch in die Genfer lateinische Folio-Ausgabe von 1658 übergegangen ist:

‚Neque vero omnes difcipulos in hoc cenfu haberi velim:
‚fuerunt namque quorū fingularis in me fides extitit, quos ego
‚frequenter [rect., für frequentur] in meis fcriptis compel-
‚lare foleo, reliquorum vero nomina rarifsimè in noftris fcriptis
‚confignata invenias [rectius: invenies]. Sic nos libros quofdam
‚in noftri Secretarii honorem confcripfimus, aliquos Doctori
‚Cornelio, Doctori Petro, Doctori Andreae, Doctori Vrfino,

---

*) Vergl. den Titel der „Drey Bücher . . . den . . . . vom Adel vnnd Lannd schaft des Ertzhertzogthumbs Kärnten etc. zu ehren geschrieben" (Huser 4⁰ Bd. II. S. 143; Fol. Edit. I. S. 247) und in der Vorrede zu den „Tartarischen kranckheiten" an Joh. von Brandt in Eferdingen „Ich schreib hin zu ehren E.F. vom Tartaro ein kurtzes Libell (Huser 4⁰ Bd. II. S. 245) u. öfter. Also heisst „zu ehren schreiben" etwa „widmen". — Doch ist für die Auffassung unserer Stelle noch eine andere zu beachten (Huser, 4⁰ Ed. Bd. V. S. 165; Fol. Edit. I. S. 143), wo dieselben zu früh entlaufenen Schüler besprochen werden und es zum Schlusse heisst „also seindt sie auch auss der Schul gangen, vnd nit erwartet der Kundtschafft ihres redlichen Abzugs", wobei man an eine Art Reifezeugniss, Meisterbrief u. dergl. denken kann.

‚Licentiato Pangratio, ac Magiftro Rhaphaeli [sic.!] tranfmifimus.‘ Oporinus fehlt hier, wie öfter.)

Also diese wirklich werthvolle Stelle heisst etwa: „Als solchen, die mich verstanden, meine Lehre und Künste wohl erfasst haben, habe ich gewidmet etliche Bücher, meinem Secretär Doctor Cornelius, auch den Doctoren Petrus u. Ursinus, dem Licentiaten Pancratius und dem Magister Raphael. Volles Vertrauen in allen Dingen habe ich auch geschenkt meinem getreuen Johannes Oporinus."

Mithin **sechs** Schülern — nicht fünf, wie Rohlfs sagt, welcher (fast wäre man versucht, das nicht für einen blosen Achtsamkeitsfehler zu halten! Jedenfalls ist eine solche Unachtsamkeit bei einer Stelle, die soviel beweisen soll, durch **nichts** zu entschuldigen!!) den Doctor Petrus einfach auslässt, obgleich ihn alle Ausgaben haben, namentlich auch Rohlfs' Quelle, die Grosse Wundarznei Frankfurt 1562, und die Huser'sche Folio-Ausgabe der Chirurgica, während Oporinus, der seitdem vom verunglückten Mediciner zum Buchdrucker umgesattelt hatte, mehrfach z. B. in allen „opus Chirurgicum" sich ausgelassen findet*), was aber von weniger Belang ist, weil Paracelsus von ihm nicht sagt, dass er ihm ein Libell zugeschrieben ——— mithin **sechs** Schülern hätte Hohenheim hienach Schriften gewidmet und sie dadurch als volle Kenner seiner Lehre anerkannt.

Wenn aber diese Stelle auch wirklich sagen sollte, dass er jedem der genannten sechs getreuen Schüler „zu Ehren" ein besonderes „libell" (ein „*kleines Buch*" übersetzt Rohlfs mit gewiss gründlicher Freude recht wörtlich**), obgleich Paracelsus manche Schriften sonst noch „Libell" nennt, die gar nicht so ganz „klein" zu nennen sind)

---

*) Wahrscheinlich eine Eigenmächtigkeit des Herausgebers Adam von Bodenstein, welcher wohl den später sich des von Hohenheim ihm geschenkten Vertrauens so wenig würdig zeigenden Oporinus nicht mehr für werth hielt von Hohenheim so ehrend genannt zu werden.

**) Schade, dass Rohlfs nicht gewusst hat, wie sehr ihn F. Fischer („Paracelsus in Basel") überboten hat dadurch, dass er die in dem gleich zu besprechenden Baseler Programm genannten „libri" mit „Paragraphen" übersetzt. Vielleicht wäre er aber dadurch auch zum Nachdenken über die „Libelle" gekommen, die nun als „kleine Bücher" an den Fersen des grossen Paracelsusritters in infinitum hängen bleiben werden — habent sua fata libelli!

geschrieben habe, so meint sie damit doch nimmermehr, „weitere Schriften als diese 6 habe ich bis heute („*in dem ganzen Zeitraum seiner Wirksamkeit*", trägt Rohlfs recht dick auf!) noch nicht geschrieben", sondern höchstens „weitere Schüler erkenne ich bis heute nicht als echte an, habe auch weiter keinen Schülern etwas zu Ehren geschrieben". Denn über seine Schriften will Hohenheim überhaupt hier nichts aussagen, sondern aus der grossen Schaar seiner Schüler nur 7 getreue (den ungetreuen Oporinus einbegriffen) mit Namen hervorheben.

Es wäre aber auch traurig um unsere Kenntniss der Schriften Hohenheims bestellt; denn wir kennen keine der Schriften, welche dem Secretär Cornelius, oder dem Doctor Petrus, oder dem Doctor Andreas u. s. w, gewidmet wären*). Es hat also keiner dieser getreuen Schüler jemals daran gedacht, eins dieser Libelle zu veröffentlichen, ebensowenig ihre überlebenden Angehörigen, Schüler, Collegen u. s. w. Ein in der ganzen Litteratur des Paracelsismus, wo doch ein so grosser Haufen von untergeschobenen Schriften nach Rohlfs existiren soll, wirklich unerhörtes und unglaubliches Ereigniss, dass 6 Paracelsische Werke, die in den Händen anerkanntester Paracelsisten sich befanden, spurlos verschwunden sind. Rohlfs hat wohl die Gewogenheit, seine einmal so glorreich begonnene Entdeckung von den 6 — oder auch nur 5 — Schriften nun auf diese selber**) als ein neuer Columbus auszudehnen oder — — mit einem „*Pater peccavi*" (wie er es Proksch S. 474 zumuthete) einzugestehen, dass es mit diesem Funde auf seiner terra incognita, der Paracelsus-Litteratur, eitel Katzengold gewesen ist!!

Wir wünschen aber wohl mit Recht, Rohlfs möge seine Entdeckungen in Wolkenkuckucksheim mit gleicher Competenz fortsetzen und bedauern mit nicht minderem Rechte, dass seine „*Gelehrten*" in

---

*) Wenn man durchaus wollte, könnte man den Licentiaten Pancratius vielleicht in einem nur handschriftlich erhaltenen Werke wiederfinden. „Das Buch von der Jungfrawen aus der Gott gebohren ist, wie sie Theophrastus von Hohenh. erkennt" ist gewidmet: „Meinen günstigen freunden Mic. Sim. vnd Panc. Doctoribus." Das wären also die Doctoren Michael, Simon und Pancratius! Aber darauf ist nach unserer Anschauung kein Werth zu legen.——
**) Von einer „*endgültigen Lösung der dreihundertjährigen Streitfrage*", wie sie Rohlfs ausposaunt, könnte doch erst dann die Rede sein, wenn die 6 „*echten Schriften*" nun auch wirklich genannt und festgestellt sind.

ihrem Jubel durch unsere genauere Beobachtung eines 6. Paracelsischen Libells schon ein wenig herabgestimmt sein werden. Doch Buckle hat's ja leider schon vorausgesagt, dass die Zahl der „*Beobachter*" grösser ist, als die der „*Denker*" — aber der „*scharfe Denker*" (S. 227) bleibt Rohlfs belassen! — — —

Doch geben wir Rohlfs nochmals ‚zwanzig voraus'! Fassen wir die von ihm „*entdeckte*" Stelle in dem für seine Zwecke günstigsten Sinne (den sie de facto zwar nicht hat), so kann sie unbedingt nichts weiter besagen als:

„**Vor dem November 1529 hat Hohenheim nur 6 Schriften verfasst, und die 7. Schrift sind dann die „3 Bücher von der Frantzösischen Kranckheit"**", worin diese Stelle sich findet*).
Ist damit für die Feststellung der Zahl der Paracelsischen Schriften und für die Kritik der Echtheit der noch ausstehenden Schriften im Ernste so viel gewonnen, wie dies Rohlfs und seine „*Gelehrten*" von seiner utopischen „*Entdeckung*" meinten??!

---

*) Dass Rohlfs diese 3 Bücher von den „Frantzosen" zur Grossen Wundarznei (1536) rechnet, dazu ist er sicherlich durch W. Han u. G. Raben's Druck (1562) verführt; wenn er sich im Ernste auf die Titelnotiz stützen will: „auß seinem selbst geschriebnen Exemplar wider auffs neuw in Truck verfertigt", so mag er das immerhin thun; uns scheint es aber sehr glaubensselig für einen Kritiker, der mit einem grossen Wortschwall alle sonst erwähnten und die möglicher Weise noch aufzufindenden Autogramme Hohenheims in den Raum gethan hat und nun einem Buchdrucker aus der 2. Hälfte des 16. saeculums, der eine schon von Mook als zweideutig erkannte Reclame anbringen will, aufs Wort Glauben schenkt! Wir können Rohlfs aber noch mittheilen, dass erstlich für die Titelnotiz wahrscheinlich die folgenden Worte auf dem Titel der Augsburger Drucke von 1536 und 1537 das Vorbild abgab: „Getruckt nach dem ersten Exemplar, so D. Paracelsi Handschrifft gewesen"; und zweitens, dass eine eingehendere Vergleichung mit grösster Wahrscheinlichkeit ergiebt, dass Theil I. und II. nach dem Augsburger Drucke von **1537**, Theil III. aber nach dem Nürnberger Drucke von 1552 (Mook Nr. 17) nachgedruckt ist, ebenso wie die bei „Hermann Gülfferich, in der Schnurgassen, zum Krug", dem Geschäftsvorgänger der Han u. Rabe, 1553 erschienene Edition desselben Werkes. Die Vorrede an Spengler fehlt allen eben genannten Drucken und das war Rohlfs' Verderben. — Wer Näheres über den Werth oder Unwerth dieser Frankfurter Drucker wissen will, dem empfehlen wir Pallmanns Arbeit über Siegmund Feyerabend. („Siegmund Feyerabend, sein Leben und seine geschäftlichen Verbindungen. Ein Beitrag zur Geschichte des Frankfurter Buchhandels im 16. Jahrhundert. Nach archival. Quellen bearbeitet v. Heinr. Pallmann." Frankf. a. M. 1881. gr. 8º.)

Zwecks Beantwortung dieser Frage wollen wir einmal zusehen, welche Hohenheim mit einiger Wahrscheinlichkeit zuzuschreibenden Schriften sich in die Jahre vor dem November 1529 verweisen lassen. Da sind zunächst die Ausarbeitungen für die Vorlesungen in Basel zu nennen. Denn dass er dieselben recht vollkommen ausgearbeitet hatte, lässt sich belegen. Sagt er doch selbst in dem Programm vom Juni 1527*), er werde in seinen Vorträgen „Medicinae & Physices & Chirurgiae libros, quorum et ipse Author" öffentlich erklären.

Die Zahl dieser Baseler Vorlesungen war nun aber keine ganz geringe. Es wären hier zu nennen:

1) De gradibus et compositionibus Receptorum et naturalium....
2) De urinarum ac pulsuum judiciis et Physiognomia ....
3) De morbis ex Tartaro oriundis ...
4) De Icteritiis.
5) XIV. Libri Paragraphorum.
6) Von ofenen Schäden vnd Geschwären ...
7) Praelectiones Chirurgicae de Vulneribus.

Mit grosser Wahrscheinlichkeit gehören dazu auch:

8) De modo pharmacandi (vel purgandi) und
9) De modo phlebotomandi,

und endlich vielleicht auch

10) die Außlegung Aphorismorum Hippocratis.
11) De Praeparationibus und
12) die Scholia et observationes in Macri poëmata de virtutibus herbarum**).

---

*) Dieses „Programm" muss man eigentlich auch zu den Druckwerken rechnen; denn es wird z. B. von Conr. Gesner als gedruckt gesehen erwähnt; leider ist es auch uns so wenig wie Mook (S. 23) gelungen, dies Document irgendwo im Original zu finden. — Einige der erhaltenen Collegienhefte von Zuhörern lassen erkennen, dass Paracelsus seinen Hörern kurze Sätze als festes Thema dictirte und dann eine eingehende Erläuterung in freiem Vortrage anschloss, wie es ja auch heute noch in den drei anderen Facultäten bei manchen Professoren so Brauch ist. Das Buch de Tartaro ist uns z. B. noch in dieser Form erhalten. Doch ist ein weiteres Eingehen auf dergleichen hier nicht am Platze. Dass F. Fischer diese „libri" zu Paragraphen herabsetzte, haben wir schon oben genügend gewürdigt.

**) Jedenfalls muss die Ausarbeitung dieses Werkchens, dessen Echtheit nicht ganz unwahrscheinlich ist, in die Zeit vor 1529 fallen, weil Huser es nach

Doch lassen wir die letzten zweifelhaften Werke (d. h. zweifelhaft, ob Baseler Vorlesungen) bei Seite und halten uns nur an die 7 (9) ersten Werke, welche uns zum Theil in ihrer ursprünglichen Form, wie sie Hohenheim als „libri" für die Vorlesungen niedergeschrieben hatte, und ausserdem fast alle noch in mehreren meist fragmentarischen Nachschriften von Hörern aufbewahrt sind. Sie müssen alle vor oder in dem Jahre 1527 entstanden sein.

Die erst genannte Schrift „de gradibus" gehört zu den mit den grössten Beweisen der Echtheit umgebenen. Hohenheim hat sie am 10. November 1526 seinem „Freunde", dem Züricher Arzte Christoph Clauser gewidmet, indem er ihn um Veranlassung des Druckes ersuchte. Conrad Gesner hat diese Schrift — wie er in seiner „Bibliotheca universalis" erwähnt (Tiguri M.D.XLV. fol. p. 644) — bei Clauser im Manuscript gesehen, „apud quem eos vidi manuscriptos". Dass dieses Mscr. von Hohenheims eigener Hand gewesen wäre, kann man schon deshalb nicht annehmen, weil das lateinische Gewand, in welchem uns das Werk erhalten ist, ja von Joh. Oporinus herrühren soll, dem sein Lehrer es aus seiner schwer leserlichen Niederschrift dictirt haben wird. (Huser will nach Oporinus eigenhändigem Mscr. das 6. und 7. Buch gedruckt haben; nur einige kleine autographe Zettel über dies Thema bringt Huser S. 390 — 398 Bd. VII.) Ausserdem besitzen wir von diesem Colleg „de gradibus" eine ganze Anzahl fragmentarischer „Hefte" von Zuhörern, welche Huser im VII. Bande der Quartausgabe auf S. 345 ff. zum Abdruck gebracht hat*).

einem Mscr. des Oporinus abdruckt, welcher seinen Lehrer spätestens Anfang 1529 verliess. Einige Fragmente will Huser in eigenhändigen Zetteln Hohenheims gesehen haben, wonach er druckte.

*) Eine andere Collegien-Nachschrift von „de gradibus", welche dem sogenannten „Thessalus secundus" Husers ziemlich nahe steht (vielleicht einer andern Redaction oder einem späteren Colleg entstammend?) hat uns der bekannte Berner Theologe Benedict Aretius (cfr. z. B. Melch. Adam, vitae Germanor. Theologor. Francof. 1706. fol.⁰ p. 222. 223. u. „Allg. Deutsche Biographie" Bd. I. S. 523. flg.), ohne es zu wissen, aufbehalten in der Schrift: „De Medicamentorvm Simplicivm Gradibvs Et Compositionibvs, opus novum. Physicum partim & Medicum, partim etiam Chymicum, in quinque Libros digestum, authoris incerti. Accesservnt Ex Euchopaedij collectaneis in singulos libros Argumenta. Tiguri excudebat Froschouerus. M.D.LXXII." 8⁰ (6 + 34 + 2 Bll.). Dies hochinteressante Büchlein hat Curt Sprengel (Vers. e. pragm. Gesch. d. Arzneikunde 3. Aufl. III. Bd. 1827. S. 510) verleitet

Doch, wenn Hohenheim auch 1526 dem Züricher Arzte recht wohl das Werk dediciren konnte, welches er vor- oder nachher einem Cyclus von Vorträgen zu Grunde legte, so konnte er doch 1½ Jahre nach seinem Weggange von Basel, als diese und die andern damals gehaltenen Vorträge doch lange Gemeingut seiner Schüler waren, seine fürs Colleg bestimmten Ausarbeitungen nicht als einem einzelnen Famulus „zu Ehren geschriebene Libelle" bezeichnen. Insofern kann Paracelsus also in der von Rohlfs „*entdeckten*" Aeusserung keines dieser Werke gemeint haben, aber gegen Rohlfs, der vor 1536 — oder wie wir richtig gestellt haben, 1529 — überhaupt nur 5 (6) Schriften von Hohenheim geschrieben sein lassen will, fallen diese 7 (resp. 9 oder 12) „libri" für Baseler Vorlesungen schon sehr schwer ins Gewicht.

Wenn aber die Vorlesungs-Concepte Hohenheims, wie wir sahen, bei der Nachforschung für die aufzufindenden 6 Bücher vor November 1529 nicht in Betracht kommen können, so wird es schwer halten, diese Zahl überhaupt zu erreichen. Denn sehen wir einmal weiter, welche Schriften noch vor die drei Bücher der „Imposturen" gesetzt werden können!

Mit grosser Wahrscheinlichkeit fallen noch in die Baseler Zeit die ,,Libri V de Vita longa". Dedication oder sonstige Datirung, wie sie die Marx'sche Schablone verlangt, fehlen freilich; aber einmal soll ja die lateinische Fassung von Oporinus herstammen (Huser will das Original-Manuscript desselben verglichen haben) und dann findet sich bei Huser am Ende (Bd. VI. S. 197 der 4°-Edition) die Jahrzahl 1527, welche den früheren Ausgaben Bodensteins von 1560 und (1562) und (1566?), ebenso wie denen Gohorys (1567 resp. 1568), Toxites' (deutsch 1574) und Dorns (1583) fehlt und

einen neuen Paracelsisten Benedict Arctius zu creiren. Er so wenig wie Haller (Bibl. med. pr. II. p. 187) haben bemerkt, dass diese Schrift obiges Werk Hohenheims ist. Allerdings hat ja auch der Herausgeber selbst nur vermuthet, dass sie „Theophrastisch" sei. Haller hat das Buch selbst eingesehen und gelesen; Sprengel scheint nur den Auszug Hallers zu kennen. — Clauser scheint direct nichts für den Druck von „De gradibus" gethan zu haben, auch war wohl die „Freundschaft" keine sehr intime. Der erste bekannte Druck ist 1562 in Mülhausen in 4° von Bodenstein veranstaltet worden, ohne dass derselbe über das von ihm benutzte Manuscr., das Abweichungen vom Huser'schen aufweist, etwas aussagt.

wahrscheinlich von Oporinus selber herstammt, da Huser, dem Drucke genug vorlagen, sie gewiss nicht erfunden hat in der Meinung, dass Zahlen beweisen.

Das Exil Hohenheims in Colmar 1528 hat nachweislich zwei Schriften gezeitigt. Am 11. Juni widmete er dem Stadtschultheiss Hieronymus Boner daselbst, dem bekannten Uebersetzer des Ovid, Thukydides, Demosthenes, Herodot und anderer griechischer und lateinischer Autoren, die „10 Bücher von Frantzösischen Blatern, Lähme, Beulen .... darinn **die kleine Chirurgia begriffen**"*); am 8. Juli dem Stettmeister Konrad Wickram die 7 Bücher **von offenen Schäden**, so auß der Natur geboren werden**).

Ob Hohenheim während seines nicht genauer zu begrenzenden Aufenthaltes in Strassburg und Esslingen, welche in den Schluss des Jahres 1528 oder die erste Hälfte von 1529 fallen, zur Ausarbeitung irgend eines Werkes kam, lässt sich noch nicht entscheiden. Ebensowenig ob der Baseler Aufenthalt und die Jahre vor der Baseler Professur noch weitere Werke als die genannten Leitfäden für seine Vorlesungen zur Reife gebracht hatten. Wir müssen uns vorerst mit dem Gegebenen begnügen. Höchstens liesse sich noch anführen, dass die Schrift „**von den Natürlichen Bädern**"***), weil ein Manuscript von Oporinus Huser vorlag, wohl auch in diese Zeit fallen könnte.

Im Jahre 1529, kurz vor den „drey Bücher von den Frantzosen", liess dann Hohenheim bei Peypus in Nürnberg während seines Aufenthaltes in dieser Stadt das Büchlein „**vom Holtz Guaiaco**" drucken — dies wäre wirklich ein „Libell" à la Rohlfs zu nennen; es fehlt leider nur das geistige Band, um es zu den Rohlfs'schen „kleinen Büchern" rechnen zu können, die Dedication an den Dr. Petrus oder einen seiner Collegen.

Im selben Jahre erschien auch die „**Practica gemacht auff Europen**" (für 1530) bei Peypus; wir lassen sie, ganz abgesehen

---

*) Zuerst gedruckt von Bodenstein im „Opus Chyrurgicum" von 1564. Strassburg. Fol. (Huser, Chir. Schriften Fol. S. 249 ff.)
**) Zuerst ebenda gedruckt. (Huser ib. S. 374 ff.)
***) Zuerst edirt von Bodenstein in „Baderbüchlein" Mülhausen 1562. 4⁰. (Huser 4⁰. Edit. Bd. VII. S. 296 ff.)

davon, dass sie nicht zu den uns hier interessirenden **medicinischen** Schriften gehört und ebensowenig mit den „Libellen" für die „Knechte" gemeint sein kann, schon deshalb hier bei Seite, weil sie auch **nach dem 23. November** erschienen sein mag. Es ist dies die **früheste** „astrologische" Veröffentlichung **Hohenheims**, welche aufzufinden war*).

Blicken wir zurück, so haben wir ausser den 7 (resp. 9—12) Vorlesungs-„libri" nur 4 oder höchstens 5 Schriften mit einer gewissen Wahrscheinlichkeit, zum Theil mit Sicherheit auf die Zeit vor November 1529 verweisen können, die 6 nach Rohlfs' „*Entdeckung*" den Schülern „zu Ehren geschriebenen Libelle" wären also noch nicht einmal in der **Zahl** erreicht, abgesehen davon, dass doch fast keine dieser Schriften auch nur mit einem Schein von Wahrscheinlichkeit den Anforderungen der Stelle in den 3 Büchern von der französischen Krankheit genügen könnte.

Doch lassen wir diese künstlichen Scheidungen unter den Früchten der Geistesarbeit **Hohenheims** vor November 1529 und fassen wir das ganze von uns zusammengestellte Material ins Auge! — Falls auch nicht **alle** der hier aufgeführten Abhandlungen unseres Autors vor der Kritik **Rohlfs'**, welcher noch über seinen Lehrer **Marx** (dem doch schon 3 der obengenannten Schriften für echt galten) hinausschiessen will, Gnade finden sollten, so wird es ihm doch schwer fallen, wenn er auf die **genauere** Prüfung der einzelnen Schriften auf ihre Echtheit eingeht (was wir des Raumes halber hier unterlassen mussten), die Zahl dieser Abhandlungen einschliesslich der Vorlesungen auf die Zahl 6 oder gar 5 herabzudrücken. Und selbst falls ihm dies Kunststück gelingen sollte, so ist doch für sein Bestreben, die Zahl der echten Schriften **Hohenheims** auf eine noch geringere Anzahl als **Marx** gethan zu beschränken, noch wenig gewonnen; denn von 1529—1541 sind noch volle 12 Jahre frei. Und wenn **vorher** auch

---

*) Sie ist uns in 5 Drucken bekannt aus den Jahren 1529/1530; **Mook** kannte nur 2 derselben. Der Originaldruck ist der Nürnberger, bei **Peypus** erschienene; ausser ihm gibt es 2 Auflagen eines Augsburger Nachdrucks von 1529 und 1530 (beide bei Alex. **Weyssenhorn**), einen Strassburger Nachdruck März 1530 („bei Chr. **Egen**-[olf]) und einen Druck s. l. et a. gleichfalls wohl aus diesen Jahren. Alle 5 sind in 4⁰ erschienen und alle **sehr selten**.

nur 6 Schriften echt sind — soviel müssten aber unbedingt nach Rohlfs' Auffassung der Stelle echt sein, während doch nur drei der Marx'schen zehn auserlesenen Schriften vor 1529 fallen können!! — so sind nachher noch eine ganze Anzahl von Schriften entstanden. Die folgenden Jahre umfassen Zeiträume von zum Theil sehr intensiver schriftstellerischer Thätigkeit Theophrasts von Hohenheim. Zumal die Jahre 1531—1535, in denen sich Theophrastus mehr stabil in der Schweiz aufhielt, scheinen sehr arbeitsvolle gewesen zu sein.

Aber auch schon eine kurze Schilderung der schriftstellerischen Thätigkeit Hohenheims in den Monaten, welche der Herausgabe der Schrift über die „französische Krankheit" folgten am Schlusse des Jahres 1529 und im Verlaufe des Jahres 1530 wird zeigen, wie sehr unsere Behauptung gerechtfertigt ist, dass Hohenheim nach dem November 1529 noch eine keineswegs ganz geringe Summe von Schriften verfasst hat.

Im December 1529 hatte Hohenheim Nürnberg verlassen, um sich nach Süden über Beritzhausen (heute Beratzhausen im Thale der schwarzen Laber) nach Regensburg zu begeben. In Beritzhausen hat er einige Monate gerastet. Von dort schrieb er wohl auch — wahrscheinlich vor dem Briefe an den Nürnberger Magistrat, den uns Huser, der viel geschmähte, verwahrt hat (Chir. B. u. Schr. Fol. S. 679/80) — den Brief an den Nürnberger Arzt*), worin es heisst:

„Caeterum in rebus meis pergere nec defino nec tempus rapit horam, nec Venus, sed continuus Labor, iam iam in his, iam iam in aliis, item ut incepi, quae feribere placet, feribo, & quae aftra, & quae tellus imperant, aufus fum depictis illis Phyficis**) feribere & imprimi facere". (Huser 4°-Ed. Bd. V. S. 319/320; Fol.-Ed. Bd. I. S. 638A.)

---

*) Vielleicht der Stadtphysikus Johann Magenbuch oder Hieronymus Schaller, die sich gleichfalls, angeblich schon vor Paracelsus, mit der Darstellung chemischer Arzneien beschäftigten? (Thomas Erastus, Disputationum de nova Ph. Paracelsi medicin. Pars II. s. l. 1572. 4°. p. 3 und Ern. Soner, Oratio de Th. Paracelso, eiusq; perniciosa Medicina, in J. G. Felwinger's Philosophia Altdorphina, Noribergae 1644. 4°. Appendix p. d4r.) Ein Gesinnungsgenosse musste es sein, sonst würde Paracelsus nicht von den „depictis illis Physicis", denen er „astra" und „tellus" klar zu machen suche (Paramirum), geschrieben haben.

**) cf. „Das seindt die geschwornen Meister, vonn Nürnberg, vnd jhr seyendt von Gottes Gnaden vier. Sie seindt bestelt Narren . . ." (Huser's 4°. Edit. Bd. V. S. 167).

Also fleissig am schreiben und zum Drucke fertig machen war unser Autor wie in Nürnberg so auch in diesem kleinen Orte, wo er ausserdem ärztlich beschäftigt gewesen zu sein scheint, um die Wende des Jahres 1529,30.

Eine andere, Aehnliches besagende Stelle fügen wir hier an, welche wir einem noch ungedruckten gleichzeitigen Schweizer Tagebuche eines Augenzeugen entlehnen (aus den Jahren 1534—1535). Sie schildert Hohenheim fleissig am Bücher schreiben.

„Theophrastus .... laboriosissimus est, raro dormit, nunquam se ipsum exuit, ocreis et calcaribus ad 3 horas in lectum prostratus cubit subinde, subinde scribit." (Rütin. Diar. 1. 84.)

Um zu bestimmen, mit welchen Schriften Hohenheim sich am Ende des Jahres 1529 und im Verlauf des Jahres 1530 beschäftigt hat, besitzen wir in seinen „Opera" mehrfache Anhaltspunkte.

Zunächst ist das „Paragranum" ein Werk, welches jedenfalls in seinen ersten Entwürfen und wahrscheinlich auch in seiner Ausarbeitung auf das Jahr 1530 zurückgeht. An seiner Echtheit kann für jeden, der Hohenheim kennt und das Werk eingehend studirt, kein Zweifel bestehen. Dem Fehlen der Marx'schen Kriterien (die überhaupt mehr positiven als negativen Werth haben) können wir absolut keinen Werth beilegen, wo so unverkennbar Hohenheim'scher Geist weht und eine ganz erdrückende Masse von beweisenden Einzelheiten vorliegen.

Den Anhalt für die Abfassungszeit dieser Schrift bietet ein Brouillon der Vorrede, welches die Unterschrift „Beritzhausen" aufweist. Huser hat uns pietätvoll — niemals war Pietät richtiger am Platze! — eine ganze Reihe von Entwürfen zu einzelnen Theilen dieses Werkes erhalten. Indem man diese Fragmente im 5. Bande der Quart-Ausgabe Seite 161—185 mit dem vollendeten Werke, Bd. II. S. 5 ff. u. 99 ff., vergleicht, kann man daraus werthvolle Schlüsse machen auf Hohenheims Art zu arbeiten (nicht Dictate oder anderer Aerzte Werke nachzuschreiben nach Rohlfs'scher Phantasie!): wie er seine heftigsten Invectiven oft später milderte, wie er das schon Niedergeschriebene unablässig in neue Formen umgoss u. s. w. u. s. w., worauf hier näher einzugehen uns zu weit führen würde. Jeder, der sich ein unverfälschtes Urtheil über Paracelsus und seine Schriften bilden will, im Gegensatze zu den Rohlfs'schen Phantastereien, möge die oben citirten Stellen selber nachlesen. Wir sind des durchschlagenden Erfolges nach beiden Seiten hin gewiss.

Aber nicht nur um seiner selbst willen ist das „Paragranum" hier zu betrachten; sondern von noch grösserer allgemeiner Bedeutung wird die Vorrede desselben, welche Anfangs 1530 concipirt und mehrfach redigirt wurde (von ihr finden sich die meisten Brouillon-Bruchstücke bei Huser l. c. aufbewahrt), dadurch, dass sie uns aus Hohenheims eigener Feder eine Aufzählung von Schriften gibt, die er vor seinem Aufenthalte in Beritzhausen verfasste.

In der definitiven Redaction dieser Einleitung zum „Paragranum" heisst die Aufzählung (Huser 4°-Edit. Bd. II. S. 6/7; Fol.-Edit. I. S. 197):

„Nun hab ich geschriben, das mich zu wenig gedünkt, mein „Gegentheil zu viel, nemlich am aller mehristen von den „imposturen (1) . . . Auch andere Geschrifften mehr . . . „Nemlich,

„de Tartaro (2),
„de origine Pustularum (3),
„de modo pharmacandi (4),
„de modo phlebotomandi (5), vnd was ich inn den Büchern
„Paragraphorum (6) geschrieben habe, . . . volget her-
„nach der grund vnd der boden, auff denen die Seulen stehen
„meiner Artzney [i. e. Paragranum] . . . . . auff solchen grund
„nicht auffzuhören, sonder für vnnd für zuschreiben."(!!)

Die Imposturen (1) sind uns schon bekannt; es sind die drei Bücher von der französischen Krankheit, Nürnberg 1530. 4°*); die Nummern (2) (4) (5) u. (6) sind Baseler Vorlesungen. Nr. (3) ist

---

*) Marx (Abhandlungen der Königlichen Gesellschaft der Wissenschaften zu Göttingen. I. Bd. 1843. 4°. S. 94) nennt als fünfte echte Schrift neben den „3 Büchern von den Franzosen" ein Werk „von den Imposturen der Aerzte", welches nicht existirt, sondern einzig einem Missverständniss Marx' es verdankt, dass auch Häser (Bd. II. S. 83. 3. Aufl.) und alle andern Nachtreter des Göttinger Gelehrten es aufführen. Rohlfs wird es uns Dank wissen, dass wir hiermit die Zahl der „echten" Schriften (nach Marx) um eine vermindert haben.

„Vom Vrsprung, Herkommen vnd Anfang der Frantzosen, ... 8 Bücher", eines der bedeutendsten Hohenheim'schen Werke überhaupt. Es war vielleicht ursprünglich für eine Vorlesung in Basel bestimmt -- dafür spricht seine Eintheilung in kleine Abschnitte und der lateinische Titel, mit dem es Hohenheim am häufigsten benennt -- scheint aber dort nicht zum Vortrag gekommen zu sein. In der Form, wie es auf uns gekommen ist, scheint es direct nach den „3 Büchern von der französischen Krankheit" fertig gestellt zu sein, denn Titel und Vorrede setzen diese als vollendet voraus und das Ganze schliesst sich unmittelbar als positives an das mehr polemische frühere Werk an*).

In einer andern Redaction der Einleitung zum Paragranum heisst es (Huser 4°-Edit. Bd. II. S. 100; Fol.-Edit. I. S. 232.):

„Nachdem vnnd ich hab lassen außgehn ... etliche Bücher in „der Artzney, nemlich von Pustulis, daß ist, Frantzosen ...
„Nun hab ich geschrieben ....
„vom Holtz (7) vnd
„von den dreyen Büchern der Imposturen" (1).

Das sind die beiden Nürnberger Drucke von 1529 und 1530.

Wieder eine andere Redaction führt an (Huser 4°-Edit. Bd. V. S. 172; Fol.-Ed. I. 146):

„vom Holtz den Tractat (7),
„von Imposturis drey Bücher (1),
„vom Spittalbuch vier Tractat (8),
„vom vrsprung vnnd herkommen der Frantzosen acht Bücher" (3).

(Dies scheint genau die Chronologie der Fertigstellung zu geben!)

Endlich eine 4. Redaction enthält folgende Aufzählung (ib. Bd. V. S. 182/183, Fol.-Edit. I. 150):

„Ich hab lassen außgehn etlich Bücher in der Artzney von „Pustulis, nemlich:
„drey von den Imposturis (1) ...
„ein Spittalbuch mit vier Tractaten .. (8) ...
„nach demselbigen wiederumb

---

*) Zuerst unsers Wissens gedruckt im „Opus Chyrurgicum" Bodensteins von 1564. Fol.; Huser, Chir. B. u. Schr. Fol. S. 189 ff.

„acht Bücher, „darinnen ich die . . Irrung sonderlich meldt vnnd die Cur am trefflichsten fürgenommen" (3).

Die Bücher (1) (3) (7) und (8) sind wohl alle schon im Jahre 1529 zum definitiven Abschluss gelangt; sie handeln alle von der Syphilis, die damals im Mittelpunkte des Interesses bei Hohenheim stand. Mit sich herumgetragen hat er die Werke im Geiste natürlich schon lange, wohl schon vor Basel. Aber nachdem er einmal in Colmar an die Ausarbeitung des einen Werkes gegangen war, der „10 Bücher von Frantzösischen Blatern" u. s. w., drängte es ihn, das ganze Thema nach allen Seiten hin zu erledigen*). Nach der so ausserordentlich reichen Austragung dieser damals überhaupt im Vordergrund stehenden pathologisch-therapeutischen Frage ging er an die Ausarbeitung der beiden allgemeinen theoretischen Werke, welche sein ganzes System darlegen sollten, des Paramirum und des Paragranum und sagt selbst (Huser 4°-Edit. Bd. V. S. 172, Fol.- Edit. Bd. I. S. 146):

„will also mein schreiben von Frantzosen geendt haben vnd „beschlossen, vnnd weitter von andern kranckheiten anzu- „fahen" **).

Diese fünf Syphilisschriften, welche Hohenheim kurz nacheinander schrieb, hatten ihm, wie er spottend bemerkt, schon den Vorwurf eingetragen, er wisse weiter nichts zu schreiben, als über die „Frantzosen". (Cfr. 4°-Edit. Bd. II. S. 15; Bd. V. S. 181 u. öfters.)

Ausser den oben genannten 8 Schriften werden im Paragranum an andern Stellen noch erwähnt, „de gradibus", „de modo purgandi" und das „Paramirum".

Letzteres Werk, worunter hier das Paramirum primum oder „Volumen Medicinae Paramirum" zu verstehen ist, wurde,

---

*) Huser hatte diesen Syphilis-Schriften einen besonderen Theil seiner Sammel-Ausgabe gewidmet, den „Ander Theil" der Chirurgie (Fol. Edit. S. 149—327); das Spitalbuch, ist mehrfach herausgegeben, zuerst von Bodenstein, Mülhausen 1562. 4°. (Mook No. 29, von uns noch auf vielen andern Bibliotheken angetroffen.)

**) Auf die Syphilis kam Paracelsus nur noch einmal eingehender zurück, als er 1537 von Augsburg über Eferdingen bei Linz nach Kromau in Mähren gereist war und dort das 3. Buch der Gr. Wundarznei ausarbeitete, welches von dieser damals zur Chirurgie gerechneten Krankheit handelt.

soweit unsere Untersuchungen reichen, direct nach den 5 Syphilisschriften begonnen und wohl noch 1530 vollendet. (Das Paramirum secundum dagegen, Opus Paramirum, ist erst in St. Gallen 1531 geschrieben, wie die Dedication des 3. Buchs vom 15. März an Dr. Joachim von Waadt beweist*). Das Paragranum schloss sich an das Paramirum I. an und bildete wohl das Hauptarbeitsthema in den Monaten in Beritzhausen.

Später in demselben Jahre 1530 schrieb Hohenheim in Amberg, wohin er von Regensburg ärztlich gerufen worden war, am Dinstag vor dem 13. Juli („Geben zu Amberg in meiner Einöde, am Zinstag vor Margaretae. Im 30."), das „Büchlein vom Mercurio", welches uns von Huser allein (Chir. B. u. Schr. Fol. S. 625 fgg.) aufbewahrt ist und auch von ihm nur in kleinen Fragmenten. Mag sein, dass es immer nur ein Fragment geblieben war.

Zu erwähnen wäre hier noch, der Vollständigkeit halber, eine weitere „astrologische" Schrift, welche sich weder bei Huser gedruckt, noch bei Mook genannt findet; deren Titel lautet:

„Ein Confederation od' | Bündtnus auff diß gegenwertig Jar, be | „treffend, so von andern Astronomis | vfigelassen vñ übersehen. „Pro | gnostication Paracelsi | Theophrasti". (Holzschnitt des Jupiter mit Schütze und Fischen) 4 Bll. in 4° o. O. u. Jahr. Eine Stelle der Vorrede lässt schliessen, dass das „gegenwertig Jar" 1530 vorstellt. Dieser Druck findet sich nur auf der Frankfurter Stadtbibliothek in einer bändereichen Sammlung von Broschüren etc., welche ein Frankfurter Patricier in jener Zeit veranstaltet hat. (Im

---

*) Mook und Häser haben diese beiden „Paramira" mehrfach confundirt; das Paramirum I. („Volumen") wurde 1575 von Toxites in Strassburg so zum Druck gebracht. (Mook fand es nur (No. 118) in Stuttgart, wir haben es noch auf 10 andern Bibliotheken angetroffen). Das Paramirum II. („Opus") war schon 1562 in Mülhausen in 4° von Bodenstein edirt worden (Mook No. 28; wir fanden noch weitere 6 Exemplare) und wurde später noch öfter gedruckt. — Das Opus Paramirum (II.) ist, weil es Dedication und Unterschrift hat, von Marx als echt anerkannt, das Volumen Paramirum (I.) dagegen, dem diese fehlen, als unecht verworfen, und grade bei diesen beiden Werken lässt es sich leicht erkennen, dass „Kern und Mark", also Originalität, ein besseres Kriterium für die Echtheit einer Schrift abgeben, als jene äusseren Kennzeichen, die überdies mit Leichtigkeit einer Fälschung anheimfallen konnten und vielleicht gar anheimgefallen sind! —

geschriebenen Index des betreffenden Sammelbandes ist die „Confederation" gleichfalls für das Jahr 1530 angemerkt *).

Lassen wir aber auch diese Schrift als nicht medicinisch bei Seite, so hätten wir für die Zeit vom November 1529 bis Mitte 1530 Paracelsus an der Ausarbeitung folgender med. Schriften gefunden:
Spittalbuch, 4 Tractat,
Vom Vrsprung der Frantzosen, 8 Bücher,
Paramirum I.,
Paragranum,
Büchlein vom Mercurio.

Es schloss sich also an die Veröffentlichung der die, in Rohlfs' Augen so hochwichtige, Stelle enthaltenden „Drei Bücher von der Frantzösischen Kranckheit" eine sehr rege Zeit schriftstellerischen Arbeitens unmittelbar an. Hätte nicht der Nürnberger Magistrat, durch die Intervention der Leipziger Facultät veranlasst, den Druck weiterer Werke Hohenheims inhibirt, so würden wir vielleicht heute noch die 4 ersteren Werke alle in Nürnberger Originaldrucken besitzen. —

Ein so fleissiger Schriftsteller, als welcher sich Hohenheim nach dieser Uebersicht über die Jahre 1527—1530 darstellt, hatte es nicht nöthig, „*ganze Bücher in Klöstern und bei andern Gelegenheiten abzuschreiben*" u. s. w., wie Rohlfs es heraustiftelt, ohne jeglichen Beweis dafür beizubringen. Das kommt bei solcher Einseitigkeit heraus! Meint er etwa, Paracelsus habe in den Klöstern Salernitanische, Arabische, Arabistische oder Galenische Codices aus- oder abschreiben sollen? Anderes hätte er dort schwerlich gefunden, es sei denn Alchemistisches, gegen welches, soweit es Goldmacherschwindel war, Hohenheim selbst oft genug eifert.

Und die „*andern Gelegenheiten*" sehen doch ganz wie Verlegenheiten aus, in die Rohlfs auf seinen krummen Wegen gerathen ist; mehr als leere Worte konnte er da freilich nicht liefern. Ebenso leer sind für Rohlfs auch die Namen Wilhelm von Hohenheim,

---

*) Eben vor der Drucklegung kommt ein anderer Druck dieser Prognostication in unseren Besitz, welcher nach unserer vorläufigen Untersuchung der Originaldruck zu sein scheint; der Titel lautet: „Pronosticatio Para-|celsi Theophrasti, auff diß gegenwertig | jar, betreffend ein Confederation, | so von andern Astronomis vnd | Practicanten, diß jar anß | gelaßen vnd vber-|sehen ist." o. O. u. J. 4 Bll. in 4°. Jedenfalls in der Zeit um 1530 gedruckt.

Trithemius, Siegmund Fueger in der Grossen Wundarznei, über welche er wohl ebensowenig, wie über Paracelsus, selbst nachgelesen und nachgedacht hat. Er hat offenbar bitterwenig Thatsächliches von Hohenheim gewusst und dafür seine Phantasie um so dreister mit ihm spielen lassen. Ein wirklich klassisches Beispiel von Geschichtsmacherei!!

Er hat aus Sucht, die ihm so unbequemen „Autographa" etc. bei Seite zu schaffen, das Bestreben, allerhand Möglichkeiten zu ersinnen und plausibel zu machen, um dieselben ohne „*geistige Urheberschaft* Hohenheims" entstehen zu lassen. Wenn er die Schriften des Arztes von Einsiedeln wirklich kennte, so würde ihm kein Zweifel darüber bestehen, dass die untergeschobenen Schriften, deren es genug giebt, ihren Ursprung nicht vor, sondern nach Hohenheims Lebenszeit gefunden haben.

Das **einzige** thatsächliche Material, was Rohlfs für die Frage nach der Anzahl der echten Schriften Paracelsi beigebracht hat, ist die von ihm „*entdeckte Stelle in der Grossen Wundarzneikunst*", die wir oben des Eingehenderen besprochen haben — — und wie kläglich hat ihn diese vom Zufall ihm in die Hände gespielte Stelle verführt! Diese ganze mit so übermüthiger Selbstgefälligkeit und so reichlichen Seitenhieben nach Häser, Proksch, Mook und selbst allen früheren Paracelsus-Forschern vorgetragene „*Entdeckung*" hat sich nach keiner einzigen Richtung hin stichhaltig erwiesen. Die „*300jährige Streitfrage*" ist heute noch eine ebenso offene, als vor dem Rohlfs'schen Entdeckungstage!!

Alle einzelnen Theile der Rohlfs'schen Behauptung sind falsch: denn weder steht die Stelle in der „*Grossen Wundarzneikunst*" —
noch ist sie „*auch von denen übersehen worden, welche Theophrastus nicht blos à la Mook bibliographisch untersuchten*" —
noch ist sie „*im Jahre 1536 geschrieben*" —
noch ist darin von „*fünf kleinen Büchern*" die Rede —
noch sagt die Stelle, dass er „*bis dahin nichts weiter geschrieben habe!*"

Es war also eitel Dunst und Flausen mit dem „*unwiderleglich beigebrachten Beweise, dass Theophrastus von Hohenheim bis zum Jahre 1536, also bis zum 5. Jahre vor seinem Tode, einschliesslich der*

Grossen Wundarzneikunst nur 6 Bücher verfasste." Die „*Aufregung der Gläubigen*", welche Rohlfs gleichfalls „*entdeckt*" hat, wird sich nun wohl legen! — —

Es liegt uns ferne, möglichst viele der von Huser unkritisch aufgenommenen Schriften für Hohenheim zu „retten". Aber die Wahrheit über alles! Die Rohlfs'sche Absicht, die Autorschaft Hohenheims auf ein Minimum zu reduciren, widerspricht allen historischen Thatsachen. Soviel wird für jeden klar sehenden, nicht präjudicirten unsere kurze Schilderung einiger Jahre Hohenheim'scher „*Schriftstellerei*" deutlich dargethan haben.

Rohlfs aber wird hoffentlich nicht noch einen federgewandten **Fragmentenschreiber** des Paracelsus in seinem Pulte haben, um seine Unkenntniss des Lebensganges Hohenheims damit zu decken und neue Trübungen der Geschichte für seine „*Gelehrten*" herbeizuführen, etwa wie er auf Seite 221 den verunglückten Versuch macht, aus dem einen Oporinus à la Falstaff „*alle Coätanen und Berichterstatter*" zu fabriciren.

III.

Wenn Rohlfs S. 233 schreibt:

„*Es ist authentisch beglaubigt, dass dem Theophrastus*
„*die Herausgabe einer Schrift in Nürnberg von der Censur*
„*untersagt wurde, und erst die Stände in Kärnthen später die-*
„*selbe drucken liessen*",

so ist dies eine absolut falsche, geradezu schülerhafte Confundirung zweier Facten, über die Rohlfs nicht einmal gründlich unterrichtet ist! Dieselbe Schrift ist das durchaus nicht gewesen, ganz abgesehen davon, dass die Stände von Paracelsus nicht eine, sondern 3 (4) ganz verschiedene Schriften zugeschickt erhielten. Auch muss Rohlfs den Beweis erst noch erbringen, dass die Stände in Kärnthen den allerdings versprochenen Druck (Huser 4°-Edit. II. Bd. S. 341 ff.) wirklich auch bewerkstelligt haben. Zu Hohenheim's Lebzeiten ist es nicht geschehen, soviel wissen wir. Der Kölner Druck von 1564

(Mook Nr. 40, den Rohlfs kannte, wie wir Anfangs sahen, aber nicht durch eigne Einsichtnahme) ist auch nicht, wie Rohlfs vielleicht einwerfen wird, von den Ständen in Kärnthen besorgt. Vielmehr hatte der Kölner Buchhändler Johann Birckmann, welcher die berühmte Firma seines Vaters als „Erben Arnoldi Byrckmanni" weiterführte, wahrscheinlich unter Mitwirkung des als Paracelsisten bekannten Dr. Theodor Birckmann*), seines Bruders, das Manuscript (oder, wie die Textvergleichung ergiebt, eher eine Abschrift desselben) von Klagenfurt sich verschafft und dasselbe 1564 edirt**), wie viele andere Paracelsische Schriften; ob dabei aber die Initiative der Stände einen auch nur minimalen Antheil hatte, lässt sich nicht erweisen. Es spricht dafür nicht die geringste Angabe, die der Buchhändler als gute Reclame gewiss nicht unterlassen hätte und aus folgenden Betrachtungen scheint es uns nicht einmal wahrscheinlich.

Schon vor 1564 machten die 3 (medicinischen) den Ständen in Klagenfurt gewidmeten Schriften in Abschriften ihren Weg. Die eine derselben, der „Labyrinthus", wurde schon 1553 von Achatius Morbachius (Mook Nr. 18) in Nürnberg lateinisch veröffentlicht und zwar nach einer umlaufenden lateinischen Uebersetzung, die uns auch handschriftlich in Utrecht („Medici Octav Nr. 101") erhalten ist. Von Morbach stammt der lateinische Text nach seiner eigenen Aussage nicht her, sondern wurde von ihm so vorgefunden.

Später will Huser für seine Sammelausgabe das Manuscript von den Kärnthener Ständen nach Glogauer halten und danach gedruckt haben, was zu kritischen Vergleichungen beider Drucke die schönste Gelegenheit giebt.

---

*) cf. Heinrich Pantaleon's „Prosopographia Heroum." Basel, Nic. Brylinger 1565/1566. Fol. Pars III. pag. 514. und Allgem. Deutsche Biogr. Bd. II, S. 664. Das „biographische Lexicon der Aerzte" hat Th. Birckmann nicht aufgenommen.

**) Möglich auch, dass der berühmte Sammler Hohenheimscher Handschriften, Johann Schulteiss vom Berg (Joannes Scultetus Montanus), welchen fast alle Editoren von 1560—1590 erwähnen, dem sie fast alle ihr Bestes verdanken, dabei seine Hand im Spiele hatte. Zu seiner Bibliothek wallfahrteten die „Paracelsisten" und allen stellte er seine Schätze zur Verfügung; er seibst hat aber niemals etwas von P. edirt; die Autoren-Eitelkeit stand ihm meilenfern!

Weitere Drucklegungen dieser „drei Bücher" sind nicht an den Tag gekommen*), am wenigsten aber eine „*authentisch beglaubigte*" der Kärnthner Stände, die also wieder nur in der Phantasie des „*competenten Historikers*" spukt. Ebendaher stammt auch die Identificirung dieser drei Schriften mit der **einen** in Nürnberg von der Censur untersagten Schrift, welche sich Rohlfs erlaubt.

Denn dass die vom **Nürnberger Magistrat** auf Verlangen der **medicinischen Fakultät der Universität Leipzig** im Druck inhibirte Schrift eine **ganz andere** gewesen, lässt sich unschwer erweisen. Es ist diese ganze **Nürnberger Druckinhibirungsfrage** ein hochinteressantes Thema, aber auch so complicirt, dass es sich mit wenig Worten nicht klar erledigen lässt. Wir müssen es uns für diesmal versagen. Marx, der auch hier wohl Rohlfs' einzige Quelle ist, hat die betreffenden Briefe Hohenheims offenbar nicht richtig verstanden. Denn der Schreiber sagt ganz klar und unzweideutig, dass das Buch von den „Imposturen" (Mook Nr. 4) mit Erlaubniss des Magistrats im Druck ausgegangen war, und dass er nun ein zur weiteren Erklärung dieser Imposturen („das vorgangen gedruckt") dienendes, neues, anderes Buch „in der Gemein alle Krancken betreffent" (nicht allein die „Verderbten")**) zur Begutachtung eingesandt habe, welches zu drucken nicht gestattet werde, weil die Leipziger Fakultät sich ins Mittel legte (wahrscheinlich durch die im Druck erschienenen „Imposturen" veranlasst).

Das sei für diesmal genug zum Nachweise, wie zwei Thatsachen, die zeitlich allein **acht Jahre** auseinanderliegen und auch sonst nichts mit einander zu thun haben, von einem soi-disant „*competenten Berufshistoriker*" als „*authentisch beglaubigt*" zusammengeschweisst worden sind!!

---

*) Die No. 49, 103 und 106 Mook's, welche zum Theil hierhergehören, lassen wir mit guten Gründen ausser Acht; im letzteren Drucke hat Bodenstein ein ganz falsches Buch von „Griefs und Sand" als drittes angefügt.

**) Daß Paracelsus nebenbei auch noch von „auch andere mein Schrifften" schreibt, braucht ein „exacter Historiker" natürlich nicht zu beachten! Der Brief ist vom 1. März 1530! — Die inhibirte Schrift ist aller Wahrscheinlichkeit nach das oben erwähnte Werk „von vrsprung vnd herkommen der Frantzosen 8 Bücher" oder das „Spitalbuch."

Was die Frage der „eigenen Handschriften Paracelsi" betrifft, welche den verschiedenen Herausgebern, Adam von Bodenstein, Michael Toxites, Gerhard Dorn, Georg Forberger, Balthasar Flöter, Marcus Ambrosius, Samuel Architectus, Joh. Alb. Wimpinaeus, Bartholomaeus Scultetus, Johann Huser und Johannes Starizius vorgelegen haben sollen, so sind wir darin noch viel skeptischer als Rohlfs, weil dieselben, mit der einzigen Ausnahme Husers, selten oder nie, wie wir selber nachgesehen haben, etwas Genügendes über diese Manuscripte auszusagen pflegen. Daraus darf man aber nicht den Schluss ziehen, dass in so früher Zeit nach Paracelsus keine echten Manuscripte existirt hätten und alle diese Männer Betrüger oder Betrogene gewesen seien.

Was die „Autographa" Husers anbetrifft, so scheint die überwiegende Mehrzahl der werthvollsten Manuscripte ihm nur leihweise zu Gebote gestanden zu haben. Denn Huser spricht immer nur von „zugestehen", „dargeben" und „darleihen" von Manuscripten aus fürstlichem und ärztlichem Besitze, so dass die Hypothese Rohlfs' von grossen Ankäufen durch kurfürstliches Geld wieder auf schwachen Füssen steht. Und da Huser der erste und einzige war, welcher eine Sammelausgabe des Paracelsus (die niemals eine „Gesammtausgabe" nach modernen Begriffen wurde und auch nicht werden sollte) zusammenstellte, konnte er auch keinen Vorgänger an Vollständigkeit überbieten wollen, wie Rohlfs dies glauben machen möchte.

Huser hat mit Pietät und Treue gesammelt und das ist immerhin ein Verdienst! Dabei war sein Bestreben, in die vielen schon damals unter den Jüngern Hohenheims streitigen und zweifelhaften Punkte soweit als möglich Klarheit zu bringen, wie zum Beispiel in die Frage nach der Anzahl und Reihenfolge der Bücher der Archidoxen und anderes. Allenthalben giebt er möglichst genau an, was er in Erfahrung bringen konnte. Dass er kein grosses Ingenium gewesen, lässt sich daneben leicht erkennen, und dass er Böcke in Menge geschossen, desgleichen. Dass aber seine Angaben über Paracelsische Autographen werthlos seien, ist damit noch nicht ausgemacht für einen nüchternen Beobachter. Sicher hatte Huser eine gründliche, durch lange Uebung erworbene Kenntniss der schwerleserlichen Handschrift Hohenheims, von der er sogar einzelne, ganz besonders schwer zu enträthselnde Schriftzüge nachschneiden liess, damit der Leser selber sein Glück an ihnen versuche. Er hat sich hier gewiss nicht leicht düpiren lassen und dafür, dass man ihm gegenüber *„jede beliebige unleserlich oder schwer zu entziffernde Handschrift für ein echtes Autogramm des Theophrastus ausgeben"* (S. 234) konnte, spricht nicht ein einziges Factum. Sogar an ganz kleinen Fragmenten (schedulae), die seine Pietät nicht verwerfen wollte, zeigt er seine Fertigkeit im Erkennen Paracelsischer Schriftzüge, wie sie bei Sachverständigen nicht selten ist. Ausserdem schützte ihn in vielen Fällen die Quelle, aus der er die Handschriften erhielt, vor den gröbsten Verstössen; denn die meisten Handschriften waren ihm von Aerzten, die sich doch nicht *„nur an das Aeussere hielten und sich nicht um den Inhalt bekümmerten"*, wie Rohlfs glattweg vom ganzen 16. Jahrhundert behauptet (S. 234), und auch zum Theil gewiss noch directe Klarheit über die Abstammung der Manuscripte von Paracelsus selbst geben konnten. Ja, in einer keineswegs kleinen Zahl von Schriften, wo er Zweifel an der Urheberschaft Hohenheims vorfand und dieselben nicht nach der einen oder anderen Seite verificiren konnte, giebt Huser dies ausdrücklich an und überlässt dem Urtheil des Lesers und der Zukunft einstweilen die Entscheidung.

Mehr als Huser geboten, kann man von einem Sammler der damaligen Zeit gewiss nicht verlangen, wenn man sich der gröberen Schnitzer bewusst ist, die in unserem heller sehenden Jahrhundert verübt werden!

Dass Huser sich im Punkte der Handschriften, welche ihm vorlagen, aller möglichen Genauigkeit in den Angaben befleissigte, kann man schon aus der folgenden Zusammenstellung ersehen:

In den 10 Bänden der Quartausgabe giebt Huser bei 43 Nummern an, sie hätten ihm im Autograph vorgelegen (manche sogar nur theilweise). Zieht man die Fragmente und Consilia ab, so bleiben noch 30 Nummern übrig, bei welchen Huser also eigene Handschrift des Verfassers als Vorlage gehabt haben will. Diesen 30 Nummern „Autographen" stehen gegenüber 63 nach Handschriften Anderer gegebene (darunter 28 Mal Montanus, 4 Mal Oporinus, 3 Mal ein „Amanuensis" Paracelsi). Bei 11 Nummern hatte er gar keine Handschriften zur Verfügung, sondern nur frühere Drucke.

Bei mehreren Schriften giebt er genau an, welche Kapitel und selbst kleinere Abschnitte er aus dem „Autograph" vergleichen konnte und wo ihm dieses mangelte.

Wir glauben, das leuchtet ein: Huser hat in diesem Punkte, einer rein mechanischen Sachverständigkeit, so viel Genauigkeit angewendet, dass man in den meisten Fällen seiner Notiz „ex Autographo" einen gewissen Werth nicht absprechen kann für die zu ventilirende Frage der Echtheit des betreffenden Werkes, bei dem die Notiz sich findet. Aber ebenso gewiss ist, dass das Fehlen oder Vorhandensein dieser Notiz „auß Theophrasti eigener Handschrifft" niemals allein genügen kann, über die Echtheit oder Unechtheit, über die geistige Urheberschaft Hohenheims zu entscheiden. Huser mag sich bei den grossen Schwierigkeiten dieser sich selbst gestellten Aufgabe manchmal getäuscht haben, er mag auch getäuscht worden sein; aber leichtsinnig umgesprungen ist er nicht mit seinen Angaben über die seinem Drucke zu Grunde liegenden Handschriften*).

Dass Huser auch wirkliche Autogramme Hohenheims abdruckte, deren geistiger Verfasser dieser nicht gewesen wäre, können wir nur in einem einzigen (aber, wie man sehen wird, ganz unwichtigen) Falle nicht von der Hand weisen. Die beiden „Manualia", welche im Anhang zu den Chirurgischen Schriften (1618. Fol. Seite 682—739) gedruckt sind, sind nur von Paracelsus auf seinen ersten Reisen niedergeschriebene Sammlungen von metallurgischen, chemischen und ärztlichen Vorschriften aus dem Munde oder den Notizen anderer, als welche sie ja auch schon Huser richtig characterisirt hat. Man darf Huser auch wohl glauben, dass er das Original-Manuscript dieser Notizbücher vom Besitzer Dr. J. Homelius Secundus in Pettau zur Verfügung gestellt erhalten hatte. Mit Collegienheften oder stenographischen Parlamentsberichten lässt sich das aber ebensowenig in eine Reihe stellen, wie irgend ein anderes der von Huser als auf „Autographis" beruhend bezeichneten Schriften. Solche Vermuthungen

---

*) Bezeichnend für die geringe Kenntniss Rohlfs' auf dem Gebiete der Paracelsus-Bibliographie ist auch der grobe Schnitzer auf S. 234, wo Rohlfs auch Friedrich Bitiskius ihm „als echt angebotene Handschriften des Theophrastus als solche ansehen und zum Abdruck bringen" lässt, während Bitiskius überhaupt keine Mscr. benutzte, sondern einfach die Palthen'sche Ausgabe (von 1603 1605) und Dalheims Chirurgica (von 1573) angeblich emendirt zum Wiederabdruck brachte. Es mangelt Rohlfs eben überall die wirkliche Kenntniss des Materials in erschreckender Weise. Er hätte seinen Mook immerhin noch etwas genauer studiren dürfen, ehe er solchen Unsinn in die Welt setzte.

und Vergleiche, wie Rohlfs sie Seite 233—237 anstellt, sind zwar sehr geistreich, aber als blosse Träumereien herzlich wohlfeil, können auch leider den Mangel positiver und correcter Angaben und Studien in keiner Weise ersetzen! —

Dass sich unter den Huser'schen Autogrammen „*sehr viele echte Handschriften des Theophrastus*" befinden, „*die Theophrastus zwar geschrieben, deren geistiger Verfasser*" aber „*nicht er, sondern Basilius Valentinus u. A. waren*", wie Rohlfs (Seite 235) aufs Gerathewohl seinen „*Gelehrten*" weiss macht, ist durchaus nicht „*ausser Zweifel*" und „*erwiesen*". Wir müssten sehr dankbar sein, und mit uns alle Forscher auf dem geschichtlichen Gebiete der Chemie und Medicin, wenn Rohlfs uns auch nur eine (geschweige „*sehr viele*") solche Schrift nennen wollte unter den Huser'schen „Autographis" oder überhaupt in der Huser'schen Sammelausgabe, die Basilius Valentinus zum Verfasser hätte, ja wenn er uns selbst nur den Autor nennen wollte, der dies „*erwiesen*" hat!!*) Bis dahin nehmen wir das für blauen Dunst des „*competenten Historikers*" nach Häser'scher Observanz, der auf die „*Unwissenheit*" und „*den beschränkten Unterthanenverstand seiner Leser speculirt*", wie Rohlfs selber (Seite 237 und 239) von Mook es annimmt.

Die ganze, seit B. G. Penotus**) datirende Abhängigkeitsfrage des Paracelsus von Basilius Valentinus und (beiden oder nur einem) Isaac Hollandus bedarf überhaupt nochmals der genauesten Untersuchung, die sich aber nur auf sehr breiter Grundlage erledigen lässt. Unsere recht eingehende (auch die ersten, Kopp unbekannten Ausgaben vollständig umfassende) Kenntniss der Litteratur und der Werke des sogenannten Basilius Valentinus lassen es uns heute schon, noch ehe wir alles abgeschlossen haben, nicht mehr zweifelhaft erscheinen, dass der grosse Leibniz, dessen historische Urtheile oft etwas divinatorisches haben, richtig über Basilius

---

*) Hermann Kopp wenigstens, der in seinen „Beiträgen zur Geschichte der Chemie" wohl die bislang gründlichste Untersuchung darüber angestellt, denkt nicht entfernt daran, dies zu behaupten.

**) B. G. Penotus war der erste, der Isaak den Holländer in seinem „Denarius" (Bern 1608. 8⁰. S. 202 fg.) nicht aber Basil. Valentinus (von dem er gänzlich schweigt), als von Paracelsus ausgeschrieben aufführte.

Valentinus urtheilte. Alles was von der Zurückdatirung der Schriften dieses pseudonymen Autors ins 15. oder gar 14. Jahrhundert gesagt wird, ist reine Legende. Die Schriften sind wohl nur kurz vor dem Jahre 1600 entstanden*). Aehnlich steht es mit den zwei „Holländern", die kaum über das Jahr 1570 oder höchstens 1560 zurückdatirt werden dürfen. Alle drei oder vielmehr die Schriften, welche unter ihren Namen cursiren, ruhen ebenso in ihren chemischen Ansichten auf Paracelsus, wie dieser auf seinen scheidekünstigen Vorgängern Geber, Roger Baco, Raimund Lull, Arnold v. Villanova, Johann de Rupescissa, Graf Bernhard von der Mark u. Tarvis u. s. w. Es ist lediglich Missgunst und Verkleinerungssucht der Gegner des noch immer sie riesengross überragenden Hohenheim im 17. Jahrhundert — scheinbar begründet durch die unzulängliche Kenntniss Crato's v. Kraftheim in chemischen Dingen und seine nie bewahrheitete Fabel von einem mit den Paracelsischen Schriften gleichlautenden Manuscripte eines Mönches — welche ihn des Plagiats an diesen angeblich lange vor ihm gelebt habenden und keinem Menschen in der weiten Welt ausser ihm bekannten Autoren bezichtigt hat. Ein dunkles Blatt in der Geschichte der Wissenschaften, diese Fälschungen zur Vernichtung eines gehassten Gegners, dem man seinen stolzesten Characterzug, nur der eigenen Geistesarbeit zu vertrauen und keiner Autorität anzuhangen („alterius non sit, qui suus esse potest") nicht gönnen wollte. Dieser blanke Schild musste ihm besudelt werden, und bis in unsere Tage hinein wird es den, das sog. „Classische" in einer Erfahrungswissenschaft (!!) anbetenden Geistern unendlich schwer, gegen diesen Reformator der mittelalterlichen Medicin auch nur Gerechtigkeit zu üben und ihm die Stelle als Begründer der allgemeinen Pathologie und chemischen Heilmethode („Jatrochemie", „Chemiatrie" etc.) einzuräumen, die ihm wenigstens gebührt.

---

*) Die erste Schrift von Pseudo-Basil. Valentinus ist 1599 in Eisleben 8⁰ erschienen: „Ein kurtz Summarischer Tractat . . . Von dem groffen Stein der Vralten . . ." (Herausgeber wie bekannt Johann Thölde; unpagin. Bogen A—K). — Herm. Kopp's neueste Aeusserung über Bas. Valentinus, in „Die Alchemie in älterer und neuerer Zeit." 1. Theil. Heidelberg 1886. 8⁰. S. 30.31, welche uns nach Schluss unserer Arbeit zukommt, dient obiger Anschauung vollkommen zur Bestätigung. —

Unter den „alchemistischen" Schriften in der Huser'schen Sammelausgabe werden nur 2 „ex Autographo" gegeben und mehr sind gewiss nicht echt, vielleicht nicht einmal diese beiden!!

Wie jeden Sammler, hat natürlich auch Huser das Streben geleitet (und oft irre geleitet!), die Werke seines Autors möglichst vollständig zu geben. Nur auf einem Gebiete der dem Theophrast von Hohenheim zugeschriebenen Schriften hat er auf „Vollständigkeit" verzichtet, auf dem Gebiete der Theosophie und Theologie! Huser war gläubiger Katholik und hat auf seinen Gönner, den Erzbischof von Köln, Rücksicht genommen; die vielen ketzerischen theologischen Schriften (welche meist ebenso gegen den Protestantismus, wie gegen das damalige Papstthum Front machen und von beiden Seiten gleichmässig verketzert wurden!), die damals schon handschriftlich umliefen, waren Huser gewiss zum grossen Theile bekannt; aber nicht einmal das vor seiner Ausgabe Gedruckte hat er alles aufgenommen, obwohl es ihm nachweislich bekannt war*).

Alle die Schriften, welche in den Jahren 1618—19 von Stariz veröffentlicht wurden**), und noch zehnmal mehr, liefen in der zweiten Hälfte des 16. saeculum schon handschriftlich um und befanden sich nachweislich an Orten, welchen Huser einen Theil seiner Handschriften verdankt.

Wir können hierauf nicht weiter eingehen und führen dies hier nur an, um Huser von dieser Seite zu beleuchten. Es ist kein günstiges Licht, das hierdurch auf ihn fällt; denn dass er die Theologica so schwach vertreten aufführt, kommt gewiss nicht von der Einsicht her, diese Sachen seien unecht; so viel Kritik vermögen wir ihm leider nicht zuzutrauen. Wir glauben, er hätte das Alles auch noch aufgenommen, wenn nicht die Rücksicht auf seinen Gönner und

---

) So erwähnt er z. B. auf der 4. Seite (₊* ijv) des 9. Theils (1590) unten 2 Bücher, welche schon 1567 in Cöln gedruckt waren, und sagt, sie gehörten in's Buch „de vita beata", druckt dies Buch aber nicht ab, trotzdem er es für echt gehalten haben muss.

**) Mook ist ganz im Unrecht mit seiner „Neustadter Fabrik des Starizius" (S. 104). Ebenso hat sich J. O. Opel in seinem Buche über Valentin Weigel (Leipzig 1864. 8°) in der Zeitbestimmung dieser Schriften geirrt. (Z. B. S. 110, 111).

Mandatar, die sich auch an andern Stellen im Einzelnen zum Theil fast lächerlich zeigt, ihn daran verhindert hätte.

Wir könnten diese Verhältnisse auch dazu verwerthen, die Unterstellung Rohlfs' zu widerlegen, dass Huser à tout prix das Volumen seiner Sammel-Ausgabe Hohenheims durch Aufnahme möglichst vieler Schriften dem der Galenischen Werke habe nahebringen wollen. Doch diese wahrhaft Erastische Unterstellung ist schon dadurch widerlegt, dass nur eine ganz verschwindend kleine Anzahl der von Huser gesammelten medicinischen und philosophischen Schriften von ihm zum ersten Male edirt wurde. Die ganz überwiegende Mehrzahl der in den 10 Bänden gesammelten Schriften hatte unter Hohenheims Namen schon vorher viele Ausgaben erlebt (wie man ja aus dem Mook'schen Verzeichnisse schon so ziemlich ersehen kann). Es giebt sogar auch noch andere (nicht theologische) Schriften, welche vor 1589 als Hohenheim angehörend gedruckt wurden, und von Huser entweder übersehen oder absichtlich nicht aufgenommen waren.

Die Frage nach der Verlässlichkeit Husers, welche wir oben bei der Besprechung der „Autographa" schon berührten und dort nicht ganz zu seinen Ungunsten beantworten konnten, ist damit zum zweiten Male gestreift, diesmal aber geht Huser nicht ohne Makel aus der Prüfung hervor.

Unsere vieljährige Bekanntschaft mit den Huser'schen Baseler und Strassburger Ausgaben hat uns die vielfache Unzuverlässigkeit desselben im Einzelnen immer deutlicher erkennen lassen. Allein totale tabula rasa mit seiner Ausgabe zu machen, dazu haben wir denn doch keine Veranlassung.

Trotz ihrer massenhaften, hier aber nicht weiter zu berührenden Ungenauigkeiten, ist sie doch als Sammlung von Werth, die zur Textkritik, wie sie bei Paracelsus noch aussteht, wohl benutzt werden kann. Ueberdies können wir durch sie erst erkennen, welchen Werth sein Jahrhundert auf den Namen Paracelsus legte. Würden wir das Alles für das Bild des grossen Mannes entbehren wollen?

Die Kritik ist Sache der Epigonen und wird nicht durch das Todtschlagen des urtheilslosen Sammlers ausgeführt, sondern durch die Logik des unparteiischen Geschichtsschreibers, der dessen Tugenden und Schwächen historisch gerecht wird, wie es bisher noch von Niemanden geschehen ist. Hic Rhodus! Mit bodenlosen Behauptungen und absichtlichen oder unabsichtlichen Verfälschungen der Thatsachen ist hier die feste Wahrheit nie zu erreichen gewesen von Erastus, dem Kathederhistoriker (also *„sich dumm arbeitenden Handwerksgelehrten"?*) des 16., bis auf Rohlfs den „*Berufshistoriker*" des 19. Jahrhunderts.

IV.

Dass wir schliesslich auch in den bibliographischen Streit über die Huser'schen Ausgaben, welcher zwischen Rohlfs und dem Wiener Syphilidologen und Historiker Proksch entbrannt ist, eingreifen, wird uns kein Leser dieser Schrift, der uns bis hierher aufmerksam gefolgt ist, ernstlich verdenken. Rohlfs' letztes Wort in dieser Sache entspricht dazu den Thatsachen gerade so wenig, wie seine soeben ad absurdum geführten Behauptungen und Trugschlüsse.

1) sagt Rohlfs („Archiv" 1882 S. 475): „*wenn N. N.*) nun Huser bereits schon 1603 todt sein lässt, so braucht er nur die Ausgabe von 1603* [in Folio ist gemeint!] *zur Hand zu nehmen. Es ist dort die Vorrede der Ausgabe von 1589—1590 wieder abgedruckt, aber er hat auch eine neue Vorrede für diese Ausgabe geschrieben. Huser war also nicht 1603 schon todt, sonst hätte er keine Vorrede mehr schreiben können, sondern starb wahrscheinlich erst 1604*".

Ja, wenn das Alles wahr wäre!! — Rohlfs hatte aber nur eine der Folio-Ausgaben angesehen, statt auch die Baseler Quart-Ausgabe zu vergleichen und liess sich daher durch die Worte „in dieser newen Edition Librorum Theophrasti Paracelsi", welche im Anfang der „Vorrede an den Leser", „Huserus Beneuolo Lectori S." stehen, aufs kläglichste irre führen. Diese angebliche „*neue Vorrede*" von

---

*) So nennt Rohlfs seinen Gegner Proksch immer, weil er seinen „Namen aus Schonung verschweigen will." Man ist aber versucht zu glauben, dass Rohlfs vielmehr durch die Unterdrückung des Namens seinen Lesern die Möglichkeit abschneiden will, Proksch's Aeusserungen im Original (das er überdies auch nicht nennt!!) einzusehen. Die braven „Gläubigen"!

Rohlfs steht nämlich schon in dem 1589 erschienenen 1. Bande der Baseler Quartausgabe genau ebenso (Seite $B_1{}^v - B_5{}^r$), wie in den Folioausgaben (1603 u. 1616). Zu einem solchen Ausfalle gegen Proksch und zum Beweise, dass Huser erst 1604 gestorben sei, lässt sich diese Vorrede mithin nicht verwerthen, da sie unzweifelhaft wie die Dedication an den „Kurfürst-Erzbischoff" im Januar 1589 verfasst ist. — Man sollte doch in der Bibliographie solche leichtfertige Angaben vermeiden, zumal wenn man einem Gegner damit nur arge Blössen darbietet und auf den Titel eines „*competenten Historikers*" so stolz ist (S. 225). Das Geradestellen solcher Schiefheiten macht durchaus kein Vergnügen, giebt höchstens zuletzt den ärgerlichen Ausspruch in die Feder, dass es besser sei, solche „*Historiker*" hielten sich von dem fern, wovon sie nicht das Mindeste verstehen noch begreifen können, oder auch, um als Streber Aufsehen und Lärm zu erregen, nicht wollen. Wir müssen uns hier leider dem Ausspruche Rohlfs' gegen Mook bezüglich des Werthes der Geschichte der Medicin (S. 241):

„*Denn die Geschichte der Medicin ist kein Versuchsfeld,*
„*auf welcher jeder Ignorant seine unlogischen geistigen Purzel-*
„*bäume und Gliederverrenkungen ungestraft auszuführen, sich*
„*berechtigt halten darf*"
mit vollem Applaus anschliessen.

2) Wenn die Folioausgabe (1603) auf dem Titel sagt: „. . . Paracelsi . . . . Opera . . . vor wenig Jahren . . . durch Jo. Huserum in zehen vnterschiedliche Theil, in Truck gegeben. Jetzt von newem mit vleiß vbersehen, auch mit etlichen bißhero vnbekandten Tractaten gemehrt, vnd vmb mehrer Bequemligkeit willen, in zwen vnderschiedliche Tomos vnd Theil gebracht . . . .", so muss die einfache Gerechtigkeit anerkennen, dass damit keineswegs gesagt wird, im I. Tomus seien etliche Tractate hinzugefügt, sondern nur: die früher in 10 Bänden erschienenen und nun in 2 Tomos zusammengedruckten „Opera" seien um etliche Tractate gemehrt. Wie es am natürlichsten war, haben die Herausgeber diese 4 neuen Tractate am Ende der ganzen Sammlung, also am Ende des 2. Tomus (S. 668 bis 691) zum Abdruck gebracht.

Eine „grobe Lüge" Husers, wie Rohlfs (S. 238) sich recht plump ausdrückt, liegt also keineswegs vor. Sein unabläugbares Versehen hätte Rohlfs ruhig zugestehen sollen, wenn es ihm um die

Wahrheit allein zu thun war!! Wer Recht behalten will und hat nur sein — **Archiv**, behälts gewiss!!

„*Ganz unverändert*" ist der Abdruck auch insofern nicht, als in der Folioausgabe zur grösseren Bequemlichkeit des Lesers der Versuch gemacht ist, die Nachträge zu den 4 ersten Bänden, welche H u s e r in der Quartausgabe erst im 5. Bande S. 136—318 zusammen giebt, an ihren verschiedenen entsprechenden Orten einzufügen, obgleich das nicht immer ganz richtig geschehen ist.

3) Nun zu dem Streit um die **Quartausgabe Husers**!

R o h l f s sagt, sie sei 1589—**90** erschienen — er schreibt es wahrscheinlich dem soeben „vernichteten" M o o k nach — **P r o k s c h** sagt **1589**—**91**. Es ist ein Streit um des Kaisers Bart! Jeder hat ein Exemplar verglichen und s o h a b e n b e i d e R e c h t! Es kommt eben b e i d e s vor.

Nehmen wir u n s e r e beiden Exemplare allein vor, so müssen wir P r o k s c h Recht geben.

Bd. I, II, III, IV u. V tragen die Jahrzahl **1589**.

Bd. VI, VII, VIII u. IX tragen die Jahrzahl **1590**.

aber der „z e h e n d e T h e i l" „ANNO M.D.XCI." also **1591**! Damit wäre R o h l f s wieder einmal voll im Unrecht; doch sehen wir weiter! Band IX trägt in e i n e m unserer Exemplare gleichfalls die Jahrzahl M.D.XCI. Dasselbe ist der Fall bei dem 9. Band in G r a z (Univ.-Bibl.), W i e n (Hof-Bibl.), F r a n k f u r t a. M. (Stadt-Bibliothek), G r e i f s w a l d (Univ.) und bei F e r g u s o n.

Band X trägt die Jahrzahl **1591** bei uns zweimal, ebenso in G r a z zweimal (Univ.-Bibl. u. Joanneum), R o s t o c k (Univ.) u. öfters; dagegen **1590** in F r a n k f u r t a. M. (Stadtbibl), B r e s l a u (Univ.), W i e n (Hof-Bibl.), H a l l e (Univ.), G r e i f s w a l d (Univ.) und bei F e r g u s o n.

Das ist ja recht sonderbar, aber — Facta loquuntur! Mithin können R o h l f s und P r o k s c h sich in diesem Punkte vertragen: sie haben beide Recht. W i l l e r s Messcatalog erwähnt übrigens die Bände IX und X schon Herbstmesse 1590. Vordatirungen der Bücher sind ja auch heute noch an der Tagesordnung.

Wir kommen nun noch zu einer letzten Verunglimpfung H u s e r s durch R o h l f s (S. 238 u. 474), die eine Abfertigung verdient. H u s e r soll die Grosse Wundarznei, *„die beste Arbeit Theophrasts"*, nicht *„in die Gesammtausgabe"* aufgenommen haben. Sehen wir uns den Sachverhalt einmal genauer an!

Genau im gleichen Format der ersten 10 Bände, in gleichem Druck und mit der gleichen Titelbordüre erschien bei dem gleichen Verleger Waldkirch in Basel im Jahre 1591 der I. Theil „Chirurgischer Bücher vnnd Schrifften." Durch diese Betonung „Chirurgischer" setzt allerdings Huser diesen nach unsern modernen Begriffen XI. Band seiner Sammelausgabe in einen Gegensatz zu den voraufgehenden 10 Bänden; indess nach der damaligen Manier, Medicin und Chirurgie streng von einander zu scheiden, ist das nichts gerade Auffälliges und wohl des Absatzes halber vom Verleger so angeordnet. Wenigstens sagt Huser in seiner Dedication sowohl, als in seiner Vorrede an den Leser (Bd. 1.) noch nichts darüber, sondern verspricht nur „eine newe Edition Librorum Th. P.", wozu doch auch die Grosse Wundarznei und die übrigen Chirurgischen Bücher gehörten, die ohnedies ebenfalls schon oft anderweitig gedruckt waren.

Huser hatte die Chirurgischen Schriften in 4 Theile disponirt, so dass bei ihrer Vollendung der ganze Paracelsus 14 Quartbände ausgemacht hätte. In der Folioausgabe der Chirurgica von 1605 und 1618 findet sich ja noch diese Eintheilung in 4 Theile (und einen Appendix, wie ihn in der Quartausgabe Bd. V u. X gleichfalls haben) mit separaten Titeln und separaten „Catalogi" d. h. Inhaltsverzeichnissen auf den Rückseiten der Titelblätter. Diese 4 handschriftlichen Theile der Chirurgischen Schriften hatte Waldkirch den Erben remittirt, nachdem er nur den 1. Theil gedruckt hatte.

Dass die Chirurgica den intern-medicinischen und philosophischen Schriften nachfolgen, hat nun an sich nichts Befremdendes, denn es entspricht der allgemeinen Werthschätzung dieser drei Disciplinen in der damaligen Zeit. Die Chirurgie nahm noch nicht den gleichen Rang ein, wie Medicin und Philosophie, musste diesen vielmehr nachstehen. Paracelsische Anschauung war dies freilich nicht, und Huser hätte diesen Brauch unterlassen können, da die Chirurgischen Theile viele von den werthvollsten Schriften Hohenheims enthielten, wenn er nicht eben Huser gewesen wäre. Es wurde deshalb nach mittelalterlicher Regel mit der Medicin begonnen, dann folgte die Philosophie, zuletzt die Chirurgie. Allein dass letztere ganz abgesondert von den andern, als gehörte sie nicht zu jenen, unter neuem Titel und mit neuer Bandzählung erscheinen musste, darin müssen wir eine Anordnung des Verlegers erkennen, der doch auch ein Wort mitzureden hatte.

Der Verleger als causa movens ist bei dieser Abtrennung und Zurücksetzung der Chirurgica entschieden zu wenig beachtet worden, und doch erklärt sein Eingreifen vielleicht aufs einfachste das ganze uns Modernen sonderbar vorkommende Verhältniss. Nun konnten die Aerzte die Bände I—X, die Chirurgen die vier chirurgischen Bände kaufen, worauf es dem Verleger allein ankam. Zetzner, der Strassburger Drucker der Folioausgabe, hat es später gerathen gefunden, denselben Modus einzuhalten.

Warum aber gab Waldkirch den mit dem 1. Band 1591 begonnenen Druck der Chirurgischen Schriften wieder auf? —

In dem Briefe vom 1. December 1604, welchen die Erben Husers dem Chirurgischen Bande der Strassburger Folioausgabe von 1605 (1618 ebenso) vorausschickten, wird direct darüber Klage geführt, dass Waldkirch den Druck der „Chirurgica" verzögerte, und endlich den Erben das Huser'sche Manuscript ungedruckt zurücksandte. Zu gleicher Zeit fühlten sich die Erben veranlasst, doch wohl im Sinne Husers selbst, zu erklären, wie werthvoll die Paracelsischen Chirurgica seien; denn „in der Wundartzney zu keiner Zeit, auch von keinem jemals was grundtlichers vnd bewehrters an tag geben worden." Wir können also durchaus nicht den Vorwurf Rohlfs' für stichhaltig ansehen, dass es mangelndes Verständniss für den Werth der „*grossen Wundarzneikunst*" (dieses Ei unsers neuen Columbus!) gewesen sei, weshalb Huser unmittelbar nach den Medicinisch-philosophischen Schriften die Chirurgischen zuletzt und getrennt von seinem Verleger drucken liess.

Offenbar hatte der Verleger zwingende Gründe, die Chirurgica nicht drucken zu lassen, oder den Druck wenigstens möglichst hinauszuschieben. Zuletzt hat er alles ausser den jetzigen 3 Theilen der Grossen Wundarznei ungedruckt gelassen — und warum? Der wahre Grund ist nirgend erwähnt und doch sehr einfach und naheliegend, sobald man nur die bibliographischen Studien weit genug ausdehnt: daher bitten wir um Entschuldigung für die folgende Abschweifung:

„1581 hatte Peter Perna in Basel nach der ersten Ausgabe des „Opus Chyrurgicum" (von Bodenstein, 1564, Strassburg) einen Neudruck veranstaltet (Mook Nr. 136). Dieser Neudruck scheint sich aber nicht besonders verkauft zu haben*); denn nachdem Conrad Waldkirch

> *) Ueberhaupt scheinen die verschiedenen Editionen vom „Opus Chyrurgicum" keinen guten Markt gemacht zu haben, trotz der scheinbar so vielen Auflagen. Folgendes ist die Uebersicht der verschiedenen Ausgaben, sämmtlich in Folio:
> 1564 gab Bodenstein das erste „Opus Chyrurgicum" in 5 Büchern heraus; Strassburg bei Paul Messerschmidt. (Mook No. 38).
> 1565 druckte (der schlaue aber characterlose) Sigmund Feyerabend diese Ausgabe nach mit Bodensteins Vorrede und fügte das Opus Paramirum, Spittalbuch, Baderbüchlein u. d. 2 Bücher von d. Pestilentz nach d. Bodenstein'schen Ausgaben von 1562—1564 hinzu (28, 29, 30 u. 43 Mooks); genaue Nachdrucke in Titeln und Vorreden etc. Einen besonderen Sporn zu diesem Nachdruck mag ihm die Kenntniss des glücklichen buchhändlerischen Vertriebs (3 Drucke in wenig Jahren!) der Weygand Han und Georg Raben'schen Wundarznei-Ausgabe Hohenheims gewesen sein; denn diese Neudrucke waren ihm ja gut bekannt, weil er in das ehemals Gülfferich'sche, später Han u. Raben'sche Geschäft 1563 eingetreten war (cf. Pallmann l. c. s. 21 u. 22.)
> 1566 liess Bodenstein u. sein Verleger, veranlasst durch diesen Nachdruck eine neue Titel-Ausgabe in Strassburg erscheinen mit einer erweiterten Vorrede und dem „Onomasticon" vermehrt (Mook No. 51.) Auch ein Bild des Paracelsus wurde geschnitten und auf den Titel gesetzt. Ausser Vorrede und Onomasticon sind es die alten Druckbogen.
> 1566 sofort veranstaltete der geriebene Feyerabend eine neue Titelausgabe seines Drucks von 1565, um sich nicht übertrumpfen zu lassen. Er liess gleichfalls Hohenheims Holzschnittbildniss auf den Titel setzen und druckte die neue Vorrede Bodensteins munter hinzu. (Mook kennt diese Ausgabe nicht selbst und hält die Erwähnung derselben durch Herzog in den Athenae Rauricae für einen Irrthum (S. 48. Anm. a.), sie befindet sich in unserm Besitz, in Maihingen, Basel, Wolfenbüttel, Gotha, Braunschweig (Coll. A.-Chir.), Erlangen, Leiden, Wien (Hof), Graz). Da aber Feyerabend dem Centrum des Buchhandels in Frankfurt näher war und wohl auch seine schönen Jost-Ammann'schen Abbildungen anlockten, ebenso die zugefügten 4 anderen Schriften, so scheint der Nachdruck besser gegangen zu sein, als das Strassburger Original. Denn im Jahre
> 1571 veranstaltete Peter Horst in Cöln nochmals eine 3. Titelausgabe der Messerschmidt'schen Druckbogen von 1564, welche er dem alten Verleger oder seinen Erben abgekauft haben mochte. (Mook Nr. 93;

1584 die Perna'sche Officin übernommen hatte, verwendete er die Druckbogen dieses letzten „Opus Chirurgicum" von 1581 im Jahre 1585 als ersten Theil der „Cheirurgia (Mook druckt Nr. 149 und 152 fälschlich „Chirurgia"). Warhafftige Beschreibunge der Wundartzney des . . . . Theophr. Paracelsi . . ." vnd fügte im „Andern Theil" die Mehrzahl der übrigen chirurgischen Schriften Hohenheims hinzu. Als reinen Buchhändlerkniff veranstaltete er dann schon 1586 eine neue Titelausgabe der „Cheirurgia" in 2 Theilen; jedenfalls nicht, weil sich das Werk zu gut verkaufte, sondern, um den Schein eines guten Absatzes zu wecken und damit den Absatz selbst zu vergrössern *).

Von dieser 1585/86er Ausgabe der „Cheirurgia" hatte Waldkirch 1589 bei Beginn des Druckes der Sammelausgabe Paracelsi jedenfalls noch einen grossen Vorrath auf Lager und wollte diesen doch erst noch verkaufen, ehe er an einen Neudruck der Chirurgica ging, wie sie Huser abweichend von den bisherigen Ausgaben Waldkirch-Perna's zusammengestellt hatte.

Und als er zwei Jahre nachher, nach den letzten Medicinisch-Philosophischen Bänden, die wohl auch nicht so viel Käufer fanden, ihres abstrusen Inhalts wegen, den Druck der chirurgischen Schriften endlich begann, blieb er nach dem ersten Bande stecken, weil er sich nicht selbst Concurrenz machen wollte.

Wir denken, diese Hinweise werden dazu beitragen, den einen Vorwurf von Husers Schultern zu nehmen, dass er den Werth der Grossen Wundarznei (der Chirurgica überhaupt sollte es heissen!) nicht erkannt habe; es bleiben auch so noch genug schwere Vorwürfe auf ihm sitzen, wenn der arme Mann auch schwerlich eine „*eherne Stirn*" und von „*Bastardkindern Theophrasts*" gewiss keine Ahnung hatte, wie es ihm Rohlfs (S. 238) mit wenig Witz und viel Behagen nachsagt, vielmehr in trauriger Selbsterkenntniss seine Arbeit des Sammlers

---

ebenso ist Mooks Nr. 103 „septem defensiones" und „de morbis Tartareis", 1573 von Peter Horst edirt, nur eine Titelausgabe, veranstaltet mit den Druckbogen von Mooks Nr. 49.)
Es sind also diese 5 Ausgaben des Opus Chyrurgicum eigentlich nur 2 Drucke.
*) Denselben Kniff brauchte Waldkirch mit den „Treizehen Büchern Paragraphorum" von 1585 u. 1586 (Basel 8º), welche Mook nicht kennt; die Ausgabe von 1586 ist nur eine Titel-Ausgabe. (1585 findet sich in Freiburg; 1586 in Göttingen, Gotha, Nürnberg, Hamburg und Erlangen.)

„nullius Iugenij" nannte. Wozu also der Lärm? Schimpfreden können nimmermehr den Abgang wirklicher Studien verdecken!

Beschliessen wir hiermit unsere Beiträge zur Klarstellung der Streitfragen zwischen Rohlfs und Proksch über Husers „*Gesammtausgabe*", wie Rohlfs sich unbibliographisch, aber dem modernen Jargon gemäss, ausdrückt.

Im Allgemeinen, wie schon gesagt, theilen wir mit einigen Einschränkungen das alte Urtheil über Huser, weil wir es leider nur zu häufig im Speciellen bewährt gefunden haben. Wenn Proksch damit sein ganzes, warm zu begrüssendes Werk über „Paracelsus und die venerischen Krankheiten" gefährdet glauben sollte, so können wir ihn damit beruhigen, dass unter den Werken über die Syphilis jedenfalls die wenigsten unechten sich befinden, obwohl Textkritik auch da allerorten nöthig und kein bedingungsloser Verlass auf Huser gestattet ist. Von dem „*Pater peccavi*", das ihm Rohlfs übermüthig, wie es einem Allerweltshasser*) (S. 237) zusteht, abforderte (S. 474), absolviren wir Proksch aber vollständig. Der Zugang zum „*Heiligthum der Muse Klio*" möge ihm durch die „*unlogischen Purzelbäume und Gliederverrenkungen eines Ignoranten*" (wie Rohlfs seinem Mook, S. 241, aufs Grab speit) nicht verleidet worden sein! Sollte der alte Reil die heutige medicinische Geschichtschreibung nach den hier vorgeführten Kritiken Rohlfs allein beurtheilen, so würde er ausrufen: „Es wird gar nicht beobachtet und gar nicht gedacht!!" und Buckle würde applaudiren! (cfr. Rohlfs S. 241.)

Wir eilen zum Ende! Auf den Prolog des Valentius Antrapassus Sileranus (so muss der Pseudonymus gelesen werden) näher einzugehen, erlaubt der Raum nicht mehr; wer sich eingehender damit beschäftigt, ihn wieder und wieder liest, wird manches Unerwartete finden. Er ist nicht geschrieben, um den Ruhm Hohenheims zu mindern! Sondern es ist ein Schelmenstück, im Einzelnen recht interessant, wenn auch werthlos im Ganzen, ein Schelmenstück, wie sie in der alchemistischen Litteratur öfter vorkommen und ebenso oft von

---

*) „*Dreimal glücklich ist der Mensch, welcher nur Feinde und keine guten Freunde hat!*"

steifleinenen Geistern vor und nach Huser nicht verstanden wurden. Es ist prächtig von Huser, dass er den Humor sogar in sein Sammelwerk aufgenommen, ohne sich, wie sonst auch, etwas dabei zu denken, was bei einem blossen Sammler bekanntlich eine nicht zu unterschätzende Tugend ist.

Vor Thorschluss wollen wir noch bemerken, dass die neue, von Rohlfs (S. 476) bekannt gegebene Quartausgabe von Hohenheims medicinischen und philosophischen Schriften von 1603, bei J. Wechels Erben in Frankfurt am Main erschienen, die handlichste ist von allen Ausgaben Hohenheims. Es wird dies ermöglicht durch kleineren und compresseren Druck in 2 Columnen auf der Seite. Rohlfs kennt nur Theil I—V; es sind aber 10 Theile erschienen; Theil I und VI haben Titel in Roth- und Schwarzdruck, was auf die Eintheilung in 2 Bände hinweist; so findet sich denn auch diese Ausgabe vielfach gebunden. Auch die Indices sind hier immer für 5 Bände zusammengegeben; die Paginirung ist für jeden Theil separat, nur Theil 2 ist mit Theil 1 fortlaufend paginirt. Der von Rohlfs geschilderte Titel-„*Holzschnitt, einen Ritter darstellend* . . . .", ist das Drucker-Signet, Minerva (kein „Ritter", sondern ein Weib mit Brüsten und langem wallenden Gewande), die geflügelte Lanze in der Rechten, auf deren Spitze die Eule sitzt, in der Linken den Schild (mit dem Monogramm); als Göttin des Handels sind ihr die Embleme der Mercurschlangen und Füllhörner beigegeben. Dasselbe Signet findet sich auf allen Titelblättern ausser Theil 2 und 5. Auf der lateinischen Frankfurter Ausgabe „a Collegio Musarum Paltheniarum" 12 vol. 1603—1605 (Mook 172, 173 u. 178) findet sich das gleiche Drucker-Signet, dieselbe ist also auch in der Wechel'schen Officin gedruckt*).

Diese deutsche Frankfurter Quartausgabe ist ein Nachdruck nach Husers 10 Bänden, aber kein gedankenloser, wie ein genauer Vergleich ergibt. Dass sich auch in ihr die angebliche, von Rohlfs erfundene, *„für die Folioausgabe von 1603 geschriebene Vorrede des Huser befindet"*, hätte Rohlfs stutzig machen können, wenn er nicht eben Rohlfs wäre!

---

*) Zacharias Palthenius war Joh. Wechels Geschäftsnachfolger; er hatte nach dem Tode desselben (1593) die Wittwe W.'s geheirathet (Pallmann l. c. S. 91 und 116).

Ein Bild des Theophrast enthalten die von uns gesehenen Exemplare nicht; das in Rohlfs' Exemplar befindliche ist also nur eingeklebt. (Uebrigens ist das „*Bildniss des Theophrastus, das man im 9. Theile der Huser'schen, 1590 veröffentlichten Ausgabe als besonderes Blatt hinter dem Titel antrifft*", in allen 10 Bänden dieser Ausgabe vorhanden, in einem zweimal; Rohlfs bekennt hiermit, dass ihm nur Band 9 der Baseler Huser'schen Quartausgabe bekannt ist!)

„*Sehr selten*" ist diese Ausgabe keineswegs. Dass Mook sie übersehen, ist einer der schlagendsten Beweise seiner oft kopflosen Oberflächlichkeit; denn z. B. in der Frankfurter Stadtbibliothek, wo Mook gewesen ist, finden sich zwei Exemplare. Wir fanden diese Ausgabe zuerst auf der Lüneburger Stadtbibliothek im Jahre 1879. Ausser Frankfurt und Lüneburg (Bd. I—IV) findet sie sich in Köln, Darmstadt (Bd. I—V), München (Staatsbibl.), Nürnberg (Stadt), Hamburg (Bd. I—VI), Erlangen, Groningen, Wien (Hofbibl.), St. Gallen (Stiftsbibl.), Haarlem, Greifswald, Bremen und v. Bethmanns Bibliothek in Frankfurt a. M. und öfters in Antiquar-Catalogen (wir selbst besitzen nur 2 Theile). Rohlfs ist unseres Wissens der erste, welcher sie erwähnt und beschreibt.

Mit dieser Anerkennung wollen wir von Rohlfs Abschied nehmen. Wie wir bei der Sichtung des Mook'schen Werkes einen anerkennenswerthen Rest richtiger Gedanken zurückbehielten, so haben wir auch bei Rohlfs, trotz massenhafter, von uns noch lange nicht sämmtlich unnachsichtig aufgedeckter Spreu (dazu müssten wir Zeile für Zeile durchgenommen haben!), einige Körnchen richtiger Beobachtung nachweisen können.

Amicus Plato, amicus Sokrates, magis amica veritas! — —

Geschrieben im Winter 1885/86.